KB260068

새로운 리더십,
분열에서 소통으로

김만흠의 정치칼럼

국립중앙도서관 출판시도서목록(CIP)

새로운 리더십, 분열에서 소통으로 : 김만흠의 정치평론 / 김만흠.
-- 파주 : 한울, 2007
    p. ;   cm

ISBN   978-89-460-3819-6 03340

340.911-KDC4
320.9519-DDC21   CIP2007002996

새로운 리더십,
분열에서 소통으로

김만흠의 정치칼럼

머리말

엇갈리는 무거움과 가벼움

『참을 수 없는 존재의 가벼움』. 체코의 밀란 쿤데라(Milan Kundera)
의 소설이다. 영화로도 만들어져 우리나라에서는 〈프라하의 봄〉이라
는 제목으로 상영됐다. 체코 자유화 운동기의 연인들의 사랑과 삶의
양식을 무거움과 가벼움 또는 진지함과 경박함이라는 차원에서 성찰
케 하는 내용이다.

무거움과 가벼움은 대비될 뿐만 아니라, 동전의 양면처럼 공존한다.
상황에 따라 무거움과 가벼움은 역전되기도 한다. 나에게는 중요하고
진지한 것이 다른 사람에게는 그냥 상투적인 것일 수 있으며, 그 반대
일 수도 있다. 그 동안 남의 일처럼 생각했던 것이 어느 날 정말 중요
한 일로 나에게 다가올 수 있다.

우리나라에서 정치라는 말은 너무 무겁게 다가온다. 민주화 운동
시기의 역사적 사명의식까지 이어져 더욱 그렇다. 특히 선거를 앞두고
는 이번에 실패하면 끝장이고, 다시는 돌이킬 수 없는 상황이 된다고
비장한 캠페인을 들고 나선다. 그러나 역사를 내걸고 있는 정치인의

내면에는 일상적인 이해관계가 작동하고 있는 경우가 허다하다.

외형적으로 내세우는 것은 너무 무겁고 내면적으로는 너무 가볍다. 극단의 무거움과 가벼움이 엇갈리고 있다. 언술은 무거운데, 실제 정치는 가볍고 무책임하다. 역설이고 위선이다. 한쪽을 좀더 가볍고 자유롭게 하고, 다른 한쪽은 좀더 무겁고 책임 있게 할 수 없을까? 그래야 중용(中庸)의 정치가 되고 생활정치가 될 수 있다.

같은 사안을 두고도 가벼움과 무거움을 손쉽게 넘나드는 사람들이 있다. 상대가 원칙을 내세울 때는, 비현실적이고 융통성 없는 사람이라고 몰아세우며 가벼움으로 공격한다. 상대가 현실론을 내세우면, 원칙 없는 행동은 죽어도 안 된다며 역사, 양심 등을 내걸고 무거움으로 공격한다. 당연히 자신은 항상 옳다. 상대방에 문제가 있다는 것이다. '프로크루스테스의 침대'이다. 궤변의 정치, 독선의 정치가 근래에 유난히 눈에 띄었다.

농산물 원산지 표시와 변신의 계절

수입 농산물이 많이 들어오면서 원산지 표시가 의무화되었다. 소비자에게 상품의 품질을 파악할 수 있는 정보를 제공해야 한다는 것이다. 최근에는 유통과정을 포함한 상품의 모든 정보를 포함할 수 있는 전자표시(RFID) 양식도 등장하고 있다.

상품시장과 정치시장은 자주 비교된다. 정치시장에서 시민들이 선택하는 정치인들에게 있어 중요한 정보는 무엇일까? 농산물처럼 원산지 표시나 당적 이동 경로도 필요할까? 물론 그 동안의 정치역정을 포함한 종합적인 표시(RFID)와 같은 이력서와 자료들이 있다. 이 중 무엇을 의미 있게 보고 중시해야 하느냐가 문제이다.

17대 대선을 앞두고 경제, 평화, 통합, 개혁, 리더십 등 여러 기준이 제시되고 있다. 국가의 현실에 대한 각자의 진단을 토대로 나온 것이기도 하고, 자신에게 유리한 캠페인을 하려는 것이기도 하다. 과거의 경력 논란이 제기되는가 하면, 미래의 비전과 그 역량이 중요하다고 맞서기도 한다. 물론 둘 다 중요할 것이다.

같은 이력을 두고도 '철새정치'로 비난받는가 하면, '독수리 오형제'로 칭송받기도 한다. 언론이 좌지우지한다. 독재정권 때나 민주화 정권 때나 정권의 입장에 섰던 '방송권력'이 앞으로 어떤 역할을 할 것인가도 주목된다.

선거 때마다 정책선거가 강조된다. 정책선거는 아무리 강조해도 부족하다. 정책 내용과 실천 여부를 검증하는 '매니페스토' 운동은 아주 바람직하다. 그러나 정책선거가 이루어지지 못한 보다 근본적인 이유가 우리의 정치가 정책 이전의 세력 싸움, 주도권 싸움이 되고 있다는 점을 간과해서는 안 된다.

리더십의 위기, 신뢰의 리더십

우리의 정치에서 정책 못지않게 중요한 것이 리더십이다. 아무리 좋은 정책이라도 리더십이 실패하면 정책은 현실화될 수 없다. 또 같은 정책이라도 리더십에 따라 효과가 다르게 나타난다. 노무현 정권의 실패는 바로 리더십의 실패였다. "정책 방향은 계승하되 정치는 달리 하겠다"는 참여정부 관료 출신 정치인의 선언도 같은 맥락이다.

근래 우리나라에도 '사회적 자본' 개념이 자주 등장하고 있다. 사람들 사이의 신뢰를 사회적 자본의 핵심 요소라 할 수 있다. 이런 신뢰가 있을 때, 사회정책의 비용이 적게 들고 좋은 효과를 볼 수 있다는 것이다. 국가경영에 있어 최고의 사회적 자본은 국가에 대한 신뢰이고 국가지도자에 대한 신뢰이다. 신뢰의 리더십을 회복하는 것이 필요하다.

새로운 리더십을 구축하기 위한 17대 대선이 가까워지고 있다. 통합과 경선을 거치면서 전기를 만들겠다면 민주화 정권 진영은 여전히 국민적 호응을 이끌어내지 못하고 있다. 문국현 전 유한킴벌리 사장이 제3지대 후보로 새롭게 주목받고 있다. 그러나 아직 미약하다. 신당과 민주당의 경선이 끝나면, 문국현 후보와 더불어 후보 단일화 또는 재통합 문제가 제기되면서 비한나라당 후보군이 다시 정비되는 과정을 겪을 것으로 보인다.

토건국가식의 시대착오적인 기업가라는 반대 진영의 비판에도 불구하고, 이명박 후보는 50% 이상의 여론 지지를 받으며 질주하고 있다. 상대 진영이 워낙 취약한데다, 언론의 지원도 만만치 않은 것 같다. 그래서인지, 이번 대선을 앞두고 유난히 많은 언론인 출신들이 유력 후보의 캠프로 질주하고 있다.

80여 편의 정치평론 모음집

이 책은 16대 대선을 앞둔 김대중 정부 말기에서부터 17대 대선을 앞둔 노무현 정부 말기에 이르기까지 지난 5년 동안 발표했던 정치칼럼을 발췌해 모은 책이다. CBS 아침 뉴스 시간 뉴스해설이 가장 많이 포함돼 있다. 인터넷 매체 칼럼 등과 달리 아침 방송의 뉴스해설이 갖는 표현 방식과 내용의 한계가 없지 않은 듯하여 필요한 경우 관련해설을 추가했다.

　이 책의 주요 내용은 정치 리더십과 국가운영 방식과 관련된 주제들이다. 김영삼, 김대중 대통령 리더십의 특징과 남겨진 과제로부터 출발해 노무현 정권의 리더십 현실을 그때그때 사안과 함께 논의한 것이다. '그들만의 참여정부' '특이한 리더십' '개혁 독점의 사고' '좌충우돌 국정운영'이라는 용어들이 말해주듯 실망과 비판의 내용이 많다. 정치개혁, 의회정치의 위기 구조, 정부권력 구조, 참여정부와 호남정치, 열린우리당의 창당과 추락에 대한 평가, 최근 대선정국 등과 관련된 주제들도 담고 있다.

　17대 대선정국이다. 민주화 이후 20년의 선거 국면 치고는 최악의 상황인 것 같다. 민주화 이행과정의 '전환의 계곡'이 민주화 이후에 또 한번 나타나는 것으로 생각하고 싶다.

　끝으로 출판계의 어려운 사정에도 불구하고 흔쾌히 출간을 허락해주신 도서출판 한울 김종수 사장님과 기획실, 편집부 여러분에게도 고마움을 전한다.

2007년 9월
김만흠

차례

제1장
민주화 시대의 정치 리더십

김영삼, 김대중 정부에 이어 노무현 정부가 집권했다. 이른바 민주화 정권이 적어도 두 번 이상 연거푸 집권한 셈이다. 이제 독재정권이냐 민주정권이냐를 넘어 정권의 구체적인 성격과 역할에 주목하게 되었다. 정권의 리더십이 중요한 논의 대상이 됐다. 민주화 운동 시기 투쟁의 리더십과 국정운영의 주체로서 집권세력의 리더십은 다를 것이기 때문이다.

노무현 정부에서 특히 노 대통령의 유별난 특성과 맞물려 리더십 문제가 쟁점이 되었다. 일부에서는 파격적이고 탈권위적인 리더십이라며 긍정적으로 평가하기도 했지만, 점차 대통령으로서 역할 혼돈과 분열의 리더십이라는 부정적인 면이 부각되었고, 정권에 대한 신뢰를 추락시키는 결정적 요인이 되었다.

이 장의 두 글은 2002년 17대 대통령 선거를 앞두고 새 대통령에 요구되는 리더십에 관해 논의했던 글이다. 먼저 김영삼, 김대중, 이른바 양김의 리더십에 대해 평가하고 남은 과제를 진단했다. 양김은 민주화 운동 시기에 형성된 카리스마적 지도력을 바탕으로 집권했다. 그러나 특정 지역의 지지에 기초한 지도력은 국민통합의 보편적 구심점으로 확대되지 못하고, 남은 정권의 극복과제로 남겼다. 또한 카리스마적 권위는 점차 퇴색되어갔지만, 이를 대체하는 제도화는 이루지 못한 과도기적인 리더십이었다. 민주화 정권, 개혁과 통합이라는 이중적 과제를 안고 있다. 국민의 잠재된 희망을 일깨워 새로운 다수를 이끌어 내는 리더십의 창출을 기대했다.

지역독점의 카리스마를 넘어

　　정치지도자의 리더십과 역할은 그 시대의 역사적·정치사회적 조건과 상호작용하면서 구현된다. 정치지도자의 리더십이 시대적인 과제를 해결하는 구심점이 되는가 하면, 그 시대의 구조적 한계를 넘지 못하고 무력해지거나 오히려 정치사회의 발전에 질곡이 되기도 한다. 이른바 양김 집권시대에 대한 평가도 이런 시대적인 환경과의 상호관계 속에서 이루어져야 할 것이다.

　　정치지도자는 나름대로의 정치적 자산과 장점을 바탕으로 지도력을 확보하게 된다. 그렇다면 대통령이라는 최고의 권좌에까지 오를 수 있었던 김영삼과 김대중, 이른바 양김의 정치적 자산은 무엇이었는가. 두 사람의 차이를 논할 수도 있지만, 일단은 두 사람 모두 한국 민주화 운동을 이끈 야당의 대표적 지도자였다는 점을 들 수 있다. 과연 이들이 어떻게 야당의 대표적인 지도자로 성장할 수 있었는가에 대해서는 좀더 복잡한 논의가 필요하다. 그러나 야당의 지도자가 된 이후 이들

* 2002년 5월 21일, 인터넷 신문 《프레시안》

은 군부독재 정권의 대표적인 탄압대상이 되었고, 그럴수록 이들의 정치적 구심력은 강화되었다. 그리고 그것은 집권 대통령에 이르기까지의 정치적 자산이 되었다. 그러나 정치사회적 환경은 변화하기 마련이고, 그런 만큼 정치지도자의 리더십도 변화를 필요로 한다.

이들 양김에 있어 리더십과 정치적 인식의 변화를 필요로 하는 계기가 몇 번 있었지만, 무엇보다 결정적인 계기는 집권세력이 된 것이었다. 민주화 운동 시기에는 이들의 리더십이 저항의 구심점 역할을 했지만, 집권 이후에는 스스로 민주화를 구체화시키고 국정을 이끌어 가야 했다. 여기에는 지역주의적 갈등의 민주적 해결도 중요한 과제 중 하나였다. 물론 김영삼과 김대중의 집권 환경에 공통점도 있지만, 차이도 크다.

알다시피 민주화 운동 시기에는 이들 개인의 카리스마가 중요한 정치적 자산이었다. 김영삼의 카리스마와 김대중의 카리스마는 좀 다르지만, 어쨌든 집권 이후에는 카리스마뿐 아니라 민주적 제도화에 기초한 리더십도 필요로 했다. 경험적, 이론적으로 카리스마적 리더십은 오래갈 수 없다. 특별한 인간처럼 보이는 사람도 일상적 경험을 오래 하다 보면, 그냥 보통 사람과 별 다른 차이가 없다는 것을 알게 된다. 실제로 이미 87년 대선 이후로 양김의 카리스마는 약화되었다. 그럼에도 불구하고 김대중은 호남의 한을 바탕으로 지역주의적 카리스마를 지속할 수 있었고, 카리스마적 요소가 상대적으로 약했던 김영삼은 반DJ에 의존한 지역주의적 리더십을 기초로 집권했다.

지역주의 문제를 둘러싸고 이미 87년 대통령 선거에서부터 양김에 대한 비판이 제기되어왔다. 혹자는 한국의 정치적 지역주의에 대한 책임을 이 당시의 양김 분열에 두기도 한다. 이는 최근 노무현 등의 '신민주연합론'과 관련해 다시 거론되고 있다. 당시 양김 분열이 지역주의적 분열에 대해 일단의 책임이 있지만, 마치 한국 지역주의의 모든 책임이 이들에게 있다는 식의 주장은 잘못된 것이라는 점을 유의해야 한다. 또한 당시 국민적 요구에도 불구하고 민주화세력이 집권에 실패한 배경에는 무엇보다 노태우 후보를 지지한 36.6%가 있었다는 사실을 간과해서는 안 된다. 뿐만 아니라 정치적 차원에서 지역주의 문제를 악화시켰던 결정적 계기는 1990년의 '3당합당'이었다.

김영삼은 집권 이후 자신의 민주화 명분을 구체화시켜야 했다. 구시대 반민주적 유산을 청산하는 것도 중요한 과제였다. 이의 일환으로 하나회 해체 등 과거 정치개입 배경이 된 군부의 사조직을 해체했다. 어떤 경로로든 군부독재 정권 책임자에 대한 사법처리도 했다. 금융실명제 실시 등 정경유착 및 비리의 요인도 제거하려 노력했다. 그러나 정치제도 및 통치방식의 민주화는 크게 진전시키지 못했다. 일부에서는 3당합당을 통한 절반의 민주화 정권이 갖는 한계를 지적하지만, 한계는 다른 곳에 있었다.

일찍이 토크빌 등이 말했듯이 민주화 운동 세력이 집권 이후 민주적 체제를 이루기가 쉽지 않다는 것이 양김 정권 모두에서 현실화되었다. 반체제운동 과정에서는 집중화된 리더십이나 카리스마가 도움이 되지만, 집권 이후에는 그것이 비민주적 정권의 원인이 된다는 것이다. 이를 두고 '창업과 수성은 다르다'는 말이 나온 것 같다. 김영삼, 김대중 모두에서 나타나듯이 민주화 운동 수십 년 간 형성된 리더십 행태를 집권 이후 획기적으로 바꾸는 것은 사실상 불가능했다.

김영삼 정권 내부의 민주적 구조는 대통령에 집중된 정부권력 구조 등 제도적 한계와 맞물려 나타났다. 제도적 민주화가 달성되지 못한 상태에서는 사적 관계가 통치과정에서도 중요한 역할을 하게 만들었다. 이 같은 폐해는 김대중 정권에서도 반복되는 권력층 주변의 비리로 나타났다.

김영삼 정권이 갖는 역사적 소명은 자칫 대립적인 요소로 보일 수도 있는 '개혁과 통합'이었다. 그나마 개혁에는 부분적인 성과를 거두었다면 국민통합은 아무런 성과가 없었고 오히려 악화시켰다고 볼 수도 있다. 특히 중요한 통합과제는 집권과정에서 심화시켰던 호남고립의 지역주의 구도에 따른 문제였다. 이 문제가 해결되었다면 '구국의 결단'이라는 그의 '3당합당'의 변은 나중에라도 어느 정도 설득력을 가졌을지 모른다. 그러나 정권유지 차원에서 당면한 문제가 아니었기 때문인지 모르지만, 이 문제에 대한 심각한 고민은 보이지 않았다. 그러면서 3당합당의 구도를 그야말로 구조화시켰다. 그리고 김대중이 정계복귀를 하면서 지역주의의 다른 축으로 기능했다.

지역주의 문제를 제외한다면 김영삼 정권의 비민주적 한계와 제도화의 실패는 최초 민간 민주화 정권이 갖는 한계로서 불가피한 것으로 볼 수도 있다. 물론 여타 정책들의 방향이나 성패를 논할 수 있으나, 이는 민주화 운동 세력이 갖는 시대적인 한계와는 다른 차원에서 조명될 부분이다.

김대중의 집권은 단지 양김 중의 한 사람이 집권한 것 이상의 차별성을 가졌다. 김영삼 대통령 개인의 정치적 자산은 민주화 운동 세력에 있었지만, 집권 기반은 사실상 그가 대항했던 역대 집권세력이었다. 김대중 정권은, 최초의 정권교체라는 말이 함의하고 있듯이 호남고립의 지역주의를 포함한 한국 정치 구도에서 최초로 주변부 세력에 기반을 둔 정권이었다. 역대 집권세력 중 가장 진보적인 정권이었다.

김대중 정부의 이런 성격은 정권에 대한 새로운 기대를 불러일으키기도 했지만, 역으로 새로운 정권의 활동을 제약하는 요인이기도 했다.

김대중 정부가 진보적 성향을 보였던 대표적인 정책이 '햇볕정책'으로 표방된 대북 포용정책이었다. 이 정책은 북한 및 김정일의 태도 변화와 맞물려 분단 이후 최초로 남북정상 회담의 성과로 나타났다. 이후 단절과 교류를 반복해오지만 김대중 정부 들어 대북교류는 상당한 진전을 보였다. 또 제도적으로 아직 정착되지는 않았지만, 복지정책의 강화도 대표적인 진보 성향의 정책이었다.

김대중 정권의 진보 성향은 보수, 진보 양쪽에서 공격을 받아왔다. 대북정책이나 복지정책을 두고 야당 등에서는 '좌파적'이니 '사회주의 정책'이니 하면서 공격하고 있다. 반면에 진보진영의 일부에서는 구조조정 및 노동자해고, 외자유치 방식, 미비한 사회보장제도 등을 두고 반민중적·반민족적 신자유주의 정책이라며 김대중 정부를 비판하고 있다. 신자유주의 논란은 여기서 간단하게 정리할 수 있는 부분이 아니지만, 김대중 정부의 정책이 일반 국민들의 평균 수준보다는 진보적이라는 것은 분명해 보인다.

김대중 정부는 김영삼 정부보다는 더 개혁과 통합의 구체적인 전략이 필요했다. 김영삼 정부를 넘어서는 새로운 정치를 보여야만 정권교체의 의미에 부응할 수 있었다. 그러나 김영삼 정부의 한계로 나타났던 정치적 리더십, 사당화된 정당정치, 그리고 지역주의 구도 등은 크게 변화하지 않았다. 따라서 이에 대한 비판적 인식은 더 클 수밖에 없었다. 김대중 대통령은 김영삼 대통령에 비해 상대적으로 카리스마가 더 강했던 만큼 대통령 1인에 의한 국정운영 방식은 김영삼 정부보다 더 비판을 받기도 했다.

특히 김대중 정부는 이른바 소수정권으로서 새로운 과제와 그에 따른 정치전략이 필요했다. 그러나 집권 말기에 이른 현재의 시점에서 보더라도 구체화된 개혁전략이나 통합전략이 사실상 없었던 것처럼 보인다. 구체적인 개혁과 통합 전략이 없는 상태에서 나타난 국내 정치의 혼란은 대북관계, 외환위기 극복, 노벨평화상 수상 등의 성과를 왜소화시켰다. 급기야 대통령 아들 등 권력 주변부의 비리가 연이어 터지면서 국민적 신뢰가 극도로 추락했다. 그리고 이는 양김 정권들의 한계를 지적하는 동질적 기반이 되고 있다.

양김, 또는 3김 정치는 개념화 배경이 그렇듯이 대체로 부정적인 함의를 갖고 있다. 혹자들은 양김 집권 10년이 '성공이냐 실패냐', '공(功)이 크냐, 과(過)가 크냐'를 따지기도 한다. 그러나 이런 방식의 평가는 불가능할뿐더러 필요하지도 않다. 현 단계에서 우리의 과제는 역사 속에서 그들의 역할을 평가하면서 남긴 과제를 반면교사로 삼는 것이다. 노무현 후보의 '신민주연합론'을 둘러싸고 3김 정치 복원에 대한 우려가 거론되기도 하는데, 3김의 주도력은 자연스럽게 적어도 2선으로 물러갈 수밖에 없을 것으로 보인다. 3김 정치 자체가 아니라 부정적 유산이 극복과제이며, 그것은 다름 아닌 지역 간 적대적 대결의 정치 구조와 지역독점의 비민주적 정당체제이다. 최근 정계개편 논란과 오는 12월의 대선을 앞두고 이를 위한 우리의 실천 과제와 전략이 무엇인가 생각해볼 문제이다.

■ ■ ■ ■ 리더십과 카리스마

카리스마(charisma)는 본래는 '신으로부터 부여받은 특별한 재능'을 뜻한다. 근래 우리 사회에서는 다른 사람들을 압도하는 분위기가 있는 연예인들을 두고 카리스마가 있다고 쓰기도 한다. 리더십과 관련해 카리스마가 자주 인용되기 시작한 것은 막스 베버(Max Weber)가 권위의 기반이 되는 세 가지 이념형의 하나로 카리스마적 권위를 들면서부터이다.

베버는 권위의 기반을 설명하는 이념형으로 1) 합리적·법적 권위, 2) 전통적 권위, 3) 카리스마적 권위를 들었다. 권위의 기반이 법률적 규범이나 제도에 있는 경우를 '합리적·법적 권위'로 말한다. 대통령이라는 제도적 위치에서 나오는 권위가 이에 해당한다. 군대에서 상위 계급에 복종하는 경우도 그렇다. 반면에 그 사회의 전통에 의해서 확립되고 받아들여진 권위를 말 그대로 '전통적인 권위'라고 한다. 가부장적 권위나 어른들에 대한 복종이 이에 해당한다. 카리스마적 권위의 기반은 지도자 개인에 대한 감정적 추종에 있다.

물론 합리적·법적 권위와 전통적 권위의 기반이 완벽하게 구분되지는 않는다. 제도적 기반과 전통적 기반이 혼재된 경우도 있을 것이다. 다만 현대 사회에 올수록 권위의 기반 중 합리적·법적 요소의 비중이 커지고 있다고 진단한다. 또 같은 상황에서도 지도자 등 권위 주체의 특성에 따라 권위의 효과가 달라진다. 같은 대통령이라도 카리스마가 강한 지도자와 약한 지도자는 다를 것이다.

카리스마는 지도자의 개인에 내재된 자질이나 특성을 말하나, 개인의 자질 못지않게 상황적 배경이 지도자의 카리스마를 만들어내기도 한다. 구원과 해방을 기다리는 상황에서 기대되는 종교적 지도자, 혁명가 등에서 나타난다. 시대적인 기대와 열망이 개인 지도자에게 투영되어 카리스마가 형성되는 것이다. 이를 '순수한 카리스마'와 구분해 '상황적 카리스마'라고 부른다.

카리스마적 권위는 일정 시기가 지나면 제도화 과정을 거쳐야 한다. 앞에서도 지적했듯이, 개인의 자질에 기초한 지도력은 시간이 지나면 희석된다. 신비화되었던 것이 일상화되는 것이다. 그래서 카리스마가 강했던 지도자로 남아 있는 역사적 인물들은 대부분 짧은 기간 지도자로 활동했던 사람들이다.

새로운 다수(New Majority)를 이끌어내는 지도자

16대 대선에 나선 대통령 후보들이 이런저런 정치적 과제들을 제기하고 있다. 그 중에서도 주요 후보 대부분이 내세우는 구호 중 하나가 국민통합이다. 물론 후보에 따라 정치적 기반이 다르고 정치현실에 대한 인식도 다양하다. 그런 만큼 국민통합의 구체적 내용과 전략이 다를 수 있다. 또 국민통합을 강조하는 모든 후보가 국민통합에 기여할 것 같지는 않다. 대선결과에 따라 한국 정치의 진로는 상당한 차이를 보일 수도 있을 것이다.

알다시피 과거 군부정권 시기 우리의 중요한 정치적 과제는 정치 민주화였다. 그것은 구체적으로 군부정권을 퇴출시키고 민주정부를 구성하는 것이었다. 군부정권의 퇴출과 '문민정부'의 등장, 그리고 정권교체를 통한 '국민의 정부'로 이어지는 민주화의 경로가 말해주듯이, 그동안 많은 민주화의 성과들이 있었다고 할 수 있다. 그러나 민주화라는 것은 끊임없이 추구되어야 할 미완성의 과제일 수밖에 없다는

* 2002년 9월, ≪개혁시대≫ 가을호

근본적인 차원의 문제제기가 아니더라도, 한국 정치에는 당면한 민주화의 과제들이 남아 있다.

민주화 이후에도 정치에 대한 불만과 불신은 크다. 우리나라뿐 아니라 1980년대를 전후해 민간정부로 이행한 이른바 '후발민주국가'들에서 공통으로 나타난 현상이다. 민주화 세력은 개혁을 주장하고 추진하지만, 개혁요구 세력의 기대에는 미치지 못한다. 기득권 세력은 민주화 세력을 무능하고 독선적인 세력으로 공격한다. 비생산적인 정쟁이 정국을 지배하고 국민들의 정치 전반에 대한 불신은 증폭된다. 장기적인 경제불황까지 겹쳐 정치상황이 더욱 악화된 경우도 많았다. 우리나라는 IMF체제를 경험했지만, 경제는 상대적으로 양호한 편이다. 대신에 지역주의 구도가 정치적 대립과 정쟁의 주요한 배경이 되고 있다.

민주적 국민통합과 민주적 리더십의 창출이 과제이다. 16대 대선은 민주적 국민통합과 리더십의 재정립에 하나의 중요한 계기가 되고 있다. 모든 후보들이 겉으로는 국민통합과 민주적 리더십을 표방하고 있다. 물론 후보 자신의 실질적인 성향과 배경은 오히려 이에 반할 수도 있다. 정치 리더십은 지도자 자신의 가치와 성향, 행태, 지지기반과 주변 세력 등의 여러 요인이 상호작용하면서 특성이 나타난다. 민주적 가치를 표방하면서도 지도자 자신의 정치행태는 비민주적일 수도 있다. 또 지도자 개인의 특성에 못지않게, 지도자의 지지기반과 주변 정치세력의 특성이 리더십을 결정할 수도 있다. 민주적 국민통합과 민주적 리더십에 부합하는 후보가 누구인지 생각해볼 일이다.

한 후보는 현 집권세력을 무능, 부패, 독선 세력으로 비판하고 있다. 그러면서 전통 주류세력이 집권해야 나라가 안정된다는 주장을 여기저기서 내비치고 있다. 구질서의 회복이 민주적 통합은 아닐 것이다. 사실 김대중 정부 시기의 불안정은 기존의 권력 카르텔이 일시적으로 해체되면서 나타난 점도 있다. 그동안 특정 세력의 장기집권이 지속되면서 한국의 정치, 경제, 언론 권력은 서로 카르텔을 형성하고 안정적인 지배권력을 행사해왔다. 그런데 정권교체를 통해 정치권력의 주도권만 새로운 세력에게로 넘어간 것이다. 한국 사회의 지배구조에 균열이 발생한 것이다. 김대중 정권은 정권만 장악한 채, 여타 사회경제 권력은 기존의 전통적 주류세력에 의해 포위된 형국이었다. 김대중 정부에서 나타난 정국 불안정은 이와 같은 구조적 한계와 이에 대처하는 김대중 정부의 리더십의 한계가 상호작용하면서 증폭된 결과였다.

권위주의 시대에 구축되었던 독점적 권력과 특권세력을 민주적 질서에 부합하도록 재편하는 것은 권위주의 정권 붕괴 이후 민주화의 핵심 과제 중 하나이다. 이런 점에서도 이번 대선 결과는 한국 정치의 민주화 진로에 또 하나의 분수령이라 할 수 있다. 누가 대통령이 되느냐는 그 나라의 정치권력 구조에 중요한 영향을 미칠 수밖에 없으며, 특히 한국의 현행 대통령제에서 그 영향력은 결정적이다. 대통령과 같은 정치인은 국민을 이끄는 정치지도자인 동시에, 권력을 행사하는 정치권력자라는 점에 주목해야 한다.

권위주의 시대의 유산은 정치권력층에만 있는 것이 아니라 시민사회 자신들에게도 구조화되어 있다. 우리 국민의 다수는 정치에 불만을 품고 새로운 정치를 원하지만, 유감스럽게도 이들 자신이 기존의 지배구조에 종속된 경향이 있다. 국민 스스로가 새로 태어나지 않고는 정치세력 내부 간에 권력 주고받기만 반복될 뿐이다. 새로운 지도자는 이들 국민의 잠재적 희망을 일깨워 '새로운 다수(New Majority)'를 이끌어내야 한다.

이제 사회통합의 원리라는 관점에서도 한국의 민주주의가 조명되어야 한다. 민주주의는 시민이 주도하는 정치의 원리이자 시민사회의 통합원리이다. 그동안 우리의 민주화 과제는 시민이 주도하는 정치에만 초점을 두었다. 그러나 시민사회는 하나의 집단이 아니라 이해관계와 견해를 달리하는 여러 개인과 집단으로 구성되어 있다. 민주주의는 이런 다양한 이해관계를 조정하고 통합하는 원리이다. 어떤 조건과 방식에 따라 조정하고 통합하느냐에 따라 민주주의의 구체적인 개념도 다양하게 이루어져왔다.

이런 점에서 대통령 후보들은 한국 사회의 민주적 통합질서를 진지하게 고민하고 대안을 제시해야 한다. 물론 어느 한 세력의 독점적 지배에 의한 질서는 민주적 통합질서가 아니다. 공존의 원리와 필요성을 체득한 정치인이 한국 정치의 주도세력이 되기를 기대한다.

■ ■ ■ **새로운 다수(New Majority)**

새로운 주류로 해석될 수도 있는 '새로운 다수'는 그린버그(Stan Greenberg)와 스코치폴(Theda Skocpol)이 주도한 미국 민주당의 발전 프로젝트 명칭이었다. 1993~1994년 클린턴 정부의 건강보험 개혁조치 좌절을 계기로 민주당을 진단하는 프로젝트였다. 민주당의 정치적 승리를 위한 전략일 뿐 아니라, 21세기 미국이 '모든 일하는 가족에게 기회, 안전, 정의의 땅'이 되도록 하는 프로젝트라고 주장했다.

일하는 사람들이 행복해질 수 있도록 하는 것이 미국의 국가정신이라고 그들은 말한다. 그러나 민주당의 클린턴이 대통령의 연임에 성공했지만, 공화당이 지배하는 의회 구조가 보여주듯이, 당시 민주당은 여전히 '일하는 미국인 다수'

의 요구에 부합하지 못하고 있다고 진단했다. 민중을 위한 '진보정치'를 표방한 이들은 정부의 개입이냐, 개인주의의 확대이냐와 같은 도식적 기준이 진보와 보수를 가르는 고정된 척도는 아니라고 했다. 21세기를 맞는 시점에서 일하는 다수의 관심과 개선과제는 가족, 교육, 건강, 안전 등의 문제에 있으며, 이런 문제에 대한 진보적인 대안이 필요하다고 주장했다(상세한 내용은 Greenberg and Skocpol, eds., *The New Majority: Toward a Popular Progressive Politics*, New Haven: Yale University Press, 1997 참조).

'일하는 사람', '진보정치' 등 구호로만 본다면 미국 민주당 진보파들의 주장은 한국의 민주노동당과 유사하다. 그러나 기본적으로 한국의 민노당은 마르크스주의적 패러다임에 상당히 가까운 반면, 미국 민주당 진보파의 주장은 자유주의에 토대를 두고 있다.

한국 민주화 정권의 과제로 제기한 '새로운 다수' 개념은 민주화 세력이 집권은 했지만 기존의 지배구조에 의해 포위되어 있는 현실로부터 출발했다. 시민사회 또한 지역구도를 축으로 기존 보수진영의 헤게모니에 있는 쪽이 다수였다. 그러나 시민사회의 전반적인 상황이 민주화 경험과 함께 전환기적 유동성을 보이고 있었다. 민주화 정권이 한국 사회의 일하는 보통 사람(서민대중)을 견인하고 희망을 주기 위해서는 스스로의 변화가 당연히 필요했다. 이를 토대로 국민 다수의 잠재된 희망을 이끌어 함께 가는 것이 민주화 정권의 과제이자 또한 기회이기도 했다.

김영삼, 김대중에 이은 노무현 정권은 이런 과제와 기회 앞에 있었다. 그러나 정권 말기에 이른 시점에서는 새로운 다수의 구축은커녕, 오히려 민주화 진영의 기반마저 황폐화시키는 상황을 만들었다.

제2장
참여정부의 특이한 리더십

노무현 대통령은 이전의 김영삼, 김대중 대통령과 달리 민주화 운동 세력의 조직적 리더로서의 경험이 거의 없는 정치인이었다. 따라서 민주화 운동 시기의 지도력이나 카리스마를 바탕으로 집권한 앞의 두 정권과는 리더십의 기반에서 달랐다. 물론 개인 정치인으로서 노무현은 일찍이 주목을 받았다. 그러나 대통령 후보에 이를 정도의 지도자로서 지지기반은 그가 대통령 후보로 등장하는 과정에서 구축되었다고 할 수 있다.

1988년 13대 총선에서 부산 지역의 국회의원에 당선되었던 노무현 대통령은 정치입문 초기부터 주목을 받았다. 정치입문 첫해인 1988년의 '5공청문회'에서 활약이 두드러졌다. 이른바 '청문회 스타'가 되었다. 또 당시 청문회에서 정주영 현대그룹 회장을 신문하면서 눈물을 흘리던 모습은 노동·인권 변호사로서의 그의 활동 경력과 중복되면서 그를 서민의 대변자, 진실한 정치인, 순수한 정치인으로 각인시키게 되었다. 1990년 3당합당 때에는 합당의 부당함에 강력히 항의하면서 소수 정치세력으로 남는 등 소신을 보여주었다. 통일민주당의 합당 발표장에서 3당합당에 항의하는 모습의 기록사진은 그의 정치적 행보를 설명하는 자료로 자주 인용돼왔다.

합당을 거부하고 영남권 다수세력에 편입하지 않은 그가 부산 지역의 선거에서 승리하기는 쉽지 않았다. 1992년 총선, 1995년 부산시장 선거 모두 선거운동 기간 초반에는 우세를 보이기도 했으나, 막상 선거에서는 지역의 주류 정당(당시 집권여당) 후보에게 패배했다. 1996년 15대 총선에서는 서울의 종로로 옮겨 출마했으나 패배했고, 이후 김대중 정부 시절 여당이었던 민주당 후보로 종로 보선에 출마해 당선되었다. 2000년의 16대 총선에서는 다시 부산에 내려가 출마해 낙선하였다.

지역구도 속의 불리한 상황에서도 출마했던 16대 총선은 정치인 노무현을 지역감정에 정면으로 맞선 정치인, 바보 정치인 등으로 칭송하는 결정적인 계기가 되었다. 이를 계기로 노무현을 사랑하는 사람들의 모임, '노사모'가 만들어지기도 했다. 물론 15대의 보선에서 서울의 종로에서 당선되었다가 16대 총선에서 부산으로 다시 간 배경에는 단지 바보 노무현다운 행동만이 아니라, 이미 대통령 후보로 나서려는 이미지 쌓기의 전략적 행보가 있었다. 노무현이 대통령 후보 수준의 정치지도자로 이미지가 형성되는 데 전북대 강준만 교수의 『노무현과 국민사기극』(2001년 4월)을 필두로 한 일련의 저서는 아주 큰 역할을 했다.

사실 노무현 대통령이 지역감정에 정면으로 맞서온 정치인은 아니었다. 대통령 후보로서의 신화 만들기와 16대 총선 이후 만들어진 '바보 노무현' 캠페인이 그를 지역주의에 정면으로 맞선 정치인으로 만들었다. 그러나 신화화된 지역주의에 대한 태도가 집권 이후에는 본래의 모습으로 현실화되면서 논란을 남기게 된다.

노 대통령의 리더십은 시대적인 요구, 정치적 기반, 개인의 자질과 특성 등이 상호작용하면서 나타난다. 유감스럽게도 집권 초, 탄핵정국 등 특수한 상황을 제외하고 노무현 대통령의 리더십에 대한 국민적 신뢰는 정치적 실패라 할 정도로 부정적이었다. 노무현 대통령의 리더십에 대한 논란은 집권 초부터 나타나기 시작했다.

우려되는 '그들만의 잔치'

집권 3개월을 거치면서 노무현 정부의 리더십과 국정 운용을 두고 논란이 뜨겁게 일고 있다. 기대가 큰 데 따른 비판과 실망도 있고, 좀 더 힘을 실어주고 기다려보자는 의견도 있다. 역시 그렇지 않느냐라는 비아냥거림도 있다. 노 대통령과 주변 참모들은 지지자들의 이해 부족 탓으로 돌리기도 하면서, 기다려보라고 주문한다. 그러나 무엇보다도 노 대통령과 측근들의 반성과 인식 전환이 필요한 것으로 보인다.

국가 운영은 이해관계와 입장을 달리하는 수많은 국민과 집단을 상대하므로 쉽지 않은 일임은 자명하다. 그러나 노 정부는 이전 정부에 비해 상대적으로 유리한 정치환경에 있다. 노 정부 진용에서 비판적으로 지적하듯이, 언론환경에 문제가 있지만, 과거에 비해 좋아졌다. 국민들은 이제 특정 언론에 의해 무조건적으로 지배되지는 않는다. 국민들의 언론에 대한 시각과 정보 채널이 많이 다양화되었다. 노 대통령의 당선 과정에 한몫했다는 인터넷 언론에는 한때 노 대통령에 대한

* 2003년 5월 30일, ≪경향신문≫

절대적 지지 논조가 지배하기도 했다.

노 대통령은 김대중 전 대통령의 국정 운용에서 가장 큰 딜레마였던 호남 출신의 한계로부터도 자유롭다. 상대 세력인 한나라당이 여전히 국회 의석의 절대다수를 차지하고 있지만, 대선 패배 이후 아직 구심점도 없고, 미래에 대한 전망도 불투명해 취약한 상태이다.

그런데 노 정부는 스스로를 어렵게 하고 있다. 그러면서 국민과 환경 탓으로 돌리고 있다. 당선되자마자 노 대통령의 당선은 민주당의 힘이 아니라, 노무현 개인에 대한 지지 때문에 가능했다고 주변 인물들은 주장했고 이는 신당론으로 이어졌다. 대통령 측근이라는 신주류의 권력투쟁은 국정 위기론 속에서도 지속되고 있다. 야당이 취약하지만, 여당은 아예 없다. 지난 4·24 재·보선에서 여당이 없는 여당 후보는 패배할 수밖에 없었다. 신당론자들은 국회의원과 지지세력을 분리하지만, 민주당 지지세력의 상당수는 노 정부에 대한 지지를 적어도 주저하고 있는 듯 보인다.

노 대통령 지지의 또 한 축이었던 진보세력의 실망과 비판도 커지고 있다. 대북송금 특검제 수용, 이라크 파병 결정 등으로 부분적인 불만이 누적되어오다가 최근 대미 외교문제를 계기로 불만과 실망이 폭발하게 된 것이다. 물론 노 대통령의 이상주의적 노선은 대통령직을 맡게 되면서 현실주의적으로 바뀔 수밖에 없는 점도 있다. 그럼에도 노선의 변화 과정에서 진보세력의 지지를 일정하게 상실한 것은 분명하다.

대통령은 지지세력만 아니라 전 국민을 대표하는 대통령이라는 점에서 이해해달라고 노 정부의 노선 변화를 옹호하는 사람들도 있다. 대통령이 전 국민의 대표라는 점은 당연하다. 그러나 대통령의 지지

확대는 지지자를 버리고 반대자에 호응하는 데서 오는 것이 아니라, 자신의 노선과 정책을 효과적으로 수행해 그것이 지지자뿐만 아니라 전 국민을 위한 것이었음을 입증하는 데 있다. 물론 이 과정에서 부분적인 노선 변화도 필요할 것이다. 그런데 노 정부는 노선의 핵심이었던 대북관계에 대한 근본적인 회의가 제기되는 상황이다.

사실은 노선 변화 자체보다는 노 대통령과 주변 인사들의 현실 인식이 문제이다. 대통령이 되면서 과거의 이상주의가 현실주의로 바뀌었다지만, 오히려 현실을 제대로 보지 못하고 있다. 이로 인해 집권 3개월을 거치면서 전통적인 민주당 지지세력의 지지도, 진보세력의 지지도 약화시켰다. 그렇다고 반대자들이 지지자로 돌아선 것 같지도 않다. 반대자들은 오히려 역시 그렇지 않느냐라는 식으로 비아냥거리고 있다.

그런데도 대통령 주변 세력은 국민 다수와 개혁세력의 뜻이라는 말을 달고 다닌다. 그 국민 다수는 어디에 있는지 모르겠다. 국민들에게 짜증내는 것을 보면 노 정부의 주장과 국민 다수의 현실 인식에 괴리가 있다는 것을 보여주는 것 같기도 하다. 실체적인 개혁기반을 무시하는 개혁론은 대통령 권력을 등에 업은 권력투쟁에 불과하다.

노 대통령의 집권 '코드'는 희망과 꿈이었다. 최근 노 정부에 대한 불만은 당장의 현실문제 못지않게 미래에 대한 비전을 주지 못한 데서 비롯됐다고 생각한다. 국민의 이해만 강조할 것이 아니라, 근본적인 인식의 전환과 재정비가 필요하다. 희망과 꿈의 열망을 '코드'들만의 잔치로 전락시켜서는 안 될 것이다.

노무현 대통령과 코드정치

코드(code)정치는 정치·이념적 성향이나 가치체계가 서로 같은 사람들끼리의 정치를 뜻하는데, 주로 노무현 대통령 진영에서 나타난 그들만의 국정운영, 그들만의 권력을 부정적으로 말하면서 쓰인 용어였다. 코드정치라는 말이 등장하기 이전에도 문화적 코드 또는 문화코드라는 용어는 문화 관련 비평에서 상당히 일상화된 상태였다. 코드(code)는 한국말로 암호, 기호 정도로 해석하면 되겠다. 암호를 알고 있거나 암호가 같아야 서로 소통할 수 있다는 것이다. 언어학, 기호학 등에서 주로 쓰이던 말이다.

노무현 대통령 진영의 일부에서는 이념체계가 같은 사람들끼리 모여 국정을 운영하는 코드정치는 당연한 것이 아니냐고 항변하기도 했다. 그러나 코드정치에 대한 비판은 단지 이념과 생각이 같은 사람들을 등용하는 것에 대한 비판이 아니라, 무리한 인사 등용과 국정운영에 있어 편협성과 독선을 지적한 것이었다.

국정운영을 소규모 코드세력이 돌아가면서 맡았던 이른바 회전문 인사가 대표적으로 잘못된 인사였다. 몇몇 친목 수준의 소수 사람들끼리 모여서 이 자리 맡았다, 저 자리 맡았다 하는 것은 노무현 정부의 일상적인 인사충원 행태였다. 문제가 있어 자리에서 물러난 사람을 다시 또 다른 자리에 등용하는 경우도 여러 번 있었다. 정책기획비서관에서 비서실장에 이른 이병완은 여섯 곳의 보직을 맡았고, 노 대통령과 변호사 활동을 함께했던 문재인은 민정수석으로부터 비서실장에 이르기까지 다섯 직위를 돌았다. 그 외에도 윤태영, 윤후덕, 박남춘, 천호선 비서관 등 대여섯 곳의 직위를 맡은 사람들도 여럿 있다.

소수세력으로 한정된 국정운영의 인재풀(pool)은 그들의 자질 문제에 대한 논란을 불러일으키는 배경이 되었다. 말 그대로 국가수준의 국정운영을 노무현 대통령 주변의 몇몇 사람들이 모여서 한다는 인상을 주었다. 노 대통령의 측근 인사에 한정된 인사 등용의 풀은 빈약할 수밖에 없었다. 노 대통령이 당선 이전에 어떤 큰 조직을 이끌었던 정치인이 아니었기 때문이다. 거의 유일한 것이 해양수산부 장관직을 수행했던 것이다. 그리고 교수들을 중심으로 한 측근 인사들은 대부분 선거운동 기간에 자문교수로 참여한 인사들이었다.

물론 대통령의 과거 조직 경험이 그의 인재 등용풀을 결정하는 것은 아니다. 대통령은 국가운영에 필요한 최선의 인재들을 구할 수 있는 위치에 있다. 널리 인재를 등용해서 활용하면 된다. 훌륭한 군주는 현인(賢人)이 재야(在野)에 머물지 않도록 해야 한다는 옛말은 이를 두고 나온 것이다. 그런데 노 대통령은 주로 측근들에 한정된 인사 등용을 했다. 더구나 그 측근 인사의 풀도 극히 협소한 상황에서 이루어진 코드정치는 문제를 야기할 수밖에 없었다.

또 코드가 맞는 사람끼리 모여 국정을 운영한다고 하더라도 전 국민을 대변하고, 전 국민과 소통하려고 노력해야 한다. 그러나 노 대통령과 참모들은 국민들을 계몽 대상으로 간주했다. 대통령의 사고는 21세기인데 국민들은 독재정권 시기에 머물러 있다고도 했고, 여론이 곧 진리는 아니라는 표현도 했다. 여론 자체가 이른바 조·중·동(나중에는 조·중·동·문 또는 조·동·문) 등의 언론에 의해 왜곡된 결과라고까지 했다. 그리고 대통령과 참모들이 직접 나서서 언론의 주장이나 여론을 향해 반박하거나 성토했다.

결국 코드정치에 대한 비판은 이념과 생각이 같은 사람들을 등용한 것 자체에 초점을 둔 것이 아니라, 측근 인사의 풀이 빈약한 대통령이 그들만의 회전문 인사와 돌려막기 인사를 한 것에 대한 비판이었다. 또 국민 일반의 사고와 상식적 사고를 거스르는 코드 인사들의 독선과 오만에 대한 비판이었다고 할 수 있다.

대통령직을 건 발언과 정치게임

노무현 대통령의 리더십에 대한 논란은 5월 21일 이른바 '대통령직' 관련 발언을 계기로 구체화되었다. 집권(취임 일자 2월 25일) 3개월이 채 안 된 시점이었다. 5월 21일 '5·18행사 추진위원회' 위원들과의 대화 도중 "이러다간 대통령직 못해먹겠다는 위기감이 든다"는 발언을 했고, 언론에서 이것을 쟁점화시켰다. 광주의 5·18 행사 당시 노무현 대통령의 출입을 봉쇄했던 한총련 학생들의 문제, 그리고 화물연대의 파업에 따른 물류대란을 염두에 두고 지적했던 것이다.

혹자는 대통령 발언 자체가 부적절했다기보다 일부 언론에 의해 대통령에 대한 공격 소재로 만들어진 것이었다고 언론의 문제로 돌리기도 한다. 그 대표적인 근거로 21일자 동아일보 사설에서는 대통령의 발언이 우리 사회의 기강 해이와 무책임한 급진성을 잘 지적한 것으로 평가했으나, 그 다음부터 갑자기 조선일보 등과 더불어 대통령의 자격 논란으로 논점이 바뀌었다. 언론이 그런 방향으로 이끌어간 점이 없지는 않다.

그러나 이른바 '대통령직 발언'이 대통령으로서의 책임감이나 리더십에 대한 불안감으로 연결된 것은 단지 이 한 번의 발언이 아니라 그 이전부터 누적된 결과이다. 국회의원 때나 후보시절에는 노 대통령의 파격적 행보가 진솔하고 참신한 이미지로 국민에게 전달되었지만, 국정의 최고 책임자인 대통령에 이르면서는 그런 언행이 오히려 리더십에 대해 불안감을 느끼게 하는 측면이 컸다.

사실 대통령 후보시절부터 후보직을 건 행보가 있었다. 후보로 결정된 직후 6·13 지방선거를 앞두고 "부산 경남의 광역단체장 선거에서 한 곳이라도 건지지 못한다면 후보직을 사퇴하겠다"고 했다. 결과는 한 곳도 배출하지 못했다. 그러나 후보직을 사퇴하지는 않았다.

집권한 지 2주밖에 안 됐던 2003년 3월 9일 검사와의 대화에서 나왔던 "막가자는 것이냐" 발언 때에는 진솔하다는 평가와 부적절하다는 평가가 공존했다. 그러나 점차 대통령의 파격적 언행에 대한 비판적인 평가가 커지기 시작했다. 대통령의 다른 행보에서 비판적인 인식이 상호작용한 결과였다. 또 신당 창당론과 함께 지지세력이 분열되면서 비판세력이 증가한 것도 영향을 미쳤다.

그런데 노무현 대통령의 '대통령직'을 건 발언은 임기말까지 반복되었다. 노 대통령은 2003년 10월 10일 기자회견에서 "(대통령직에 대한) 재신임을 묻겠다"고 밝혔다. 자신의 핵심 측근인 최도술 전 청와대 총무비서관이 SK자금 수수와 관련, "불미스러운 일이 생긴 데 대해 국민 여러분께 깊이 사죄드리고 책임을 지려 한다"며 "수사 결과 무엇이든 간에 이 문제를 포함, 그동안 축적된 국민들의 불신에 대해 재신임을 묻겠다"고 했다. 국민투표 등을 거론하며 "아무리 늦더라도 총선 전후까지는 재신임을 받을 생각"이라고 했다. 별다른 재신임 절차는 없었고, 17대 총선에서 여당의 과반수 의석이 재신임에 해당한다는 주장도 있었다.

같은 해 12월 14일에는 "한나라당 불법자금의 10분의 1을 넘으면 정계를 은퇴하겠다"고 했고, 이틀 뒤 이를 다시 확인해주기도 했다. 이른바 차떼기로 불린 한나라당의 거액 불법 정치자금 수수가 문제된 상황에서 한나라당이 노무현 후보 진영 역시 이 문제에서 자유로울 수 없다고 하자 다시 대응한 발언이었다. 이후 수사과정에서 노무현 후보 진영의 불법자금이 대체로 한나라당의 10분의 1을 넘는 것으로 지적되기도 했으나, 액수 산정에서 다른 계산 방법 등을 거론하면서 그냥 지나갔다. 불법 대선자금 수사 당시 검찰총장이었던 송광수 전 총장은 2007년 4월 20일 "10분의 1을 안 넘기려고 대통령 측근 수사는 안 하고 야당만 수사한다는 말이 나와 어떻게 하든지 더 많은 돈을 찾으려 했고, 그래서 10분의 2, 3을 찾았다"는 발언으로 파문을 낳기도 했다.

다시 수도이전 논란이 한창이던 2004년 6월 15일에는 국무회의 석상에서 "이 정책(수도이전)은 참여정부의 핵심 과제이자 국운이 걸린 문제로 정부의 명운과 진퇴를 걸고 반드시 성사시키겠다"고 말했다. 헌법재판소가 같은 해 10월 「수도이전특별법」에 대한 위헌 결정을 내렸다. 노 대통령은 사퇴 대신 대체 입법을 만들어 수도이전을 강행했다.

2005년 7월 6일 인터넷을 통한 대통령 서신을 통해 "취임 후 첫 국회연설에서 국회가 지역구도 문제의 해결에 동의한다면 대통령이 가진 권한의 절반 이상을 내놓을 용의가 있다고 밝혔다. 지금도 용의가 있다"고 밝혔다. 이튿날 중앙언론사 편집·보도국장 간담회에서도 "우리 정치의 구조적 문제를 해결한다면 대통령 권력을 내놓겠다. 내각제 수준으로 대통령의 권한을 이양할 용의가 있다. 선거를 다시 하기는 그러니까 실질적으로 권력을 이양하면 되지 않겠느냐"고 했다. 이후에도 연정을 내건 권력 포기 발언은 계속되었으나, 대연정 자체가 성사되지 못했다(이 책의 대연정 관련 칼럼 「한나라당이 아니라 국민에게 권력을 돌려주라」 참조).

여론과 동떨어진 국정인식

어제 17대 국회가 공식 개원식을 가졌고, 노무현 대통령은 축하 연설을 했다. 노 대통령 연설 내용 중 경제위기론에 대한 비판이 특히 논란거리가 되고 있다. 노 대통령은 언론이나 경제계 등에서 우리 경제를 위기라고 하는데 위기가 아니라 매우 희망적이라고 했다. 5%, 6% 성장을 자신했다. 오히려 "과장된 위기론이야말로 시장을 위축시키고 왜곡시킬 뿐 아니라 진짜 위기를 불러올 수 있다"며 "지금 이 시기에 가장 중요한 위기관리는 과장된 위기론을 잠재우는 것"이라고 강조했다.

그런데 노 대통령 축하 연설 직전에 김원기 신임 국회의장은 개원사를 통해 노 대통령의 경제위기론에 대한 비판과 상반되는 의견을 피력했다. 우리의 경제 환경이 밝지 않으며 수년 내 국민소득 2만 달러와 선진 10강 진입 목표 달성도 장담하기 어렵다고 진단했다.

대통령의 말, 국회의장의 말, 어느 쪽에 장단을 맞추어야 할지 모르

---

* 2004년 6월 8일, CBS 뉴스해설

겠다. 물론 같은 상황을 두고도 대통령은 과도한 위기론이 갖는 문제를 지적했고, 국회의장은 우리의 각오와 노력이 필요하다는 점을 강조했다는 점에서 같은 맥락으로 이해할 수도 있다.

그러나 대통령이 나서 경제위기론을 비판한다고 해서 경제전망에 대한 국민들의 불안감이 해소될 수 있을까. 대통령은 경제위기론을 비판할 것이 아니라, 한국 경제를 희망적으로 볼 수 있는 믿음과 비전을 제시해야 한다. 국정의 구심점으로서 대통령의 리더십에 대한 신뢰가 커질 때 경제에 대한 희망 섞인 약속도 믿음이 가고, 경제에 대한 국민들의 불안 심리도 해소될 수 있을 것이다.

경제위기론 논란뿐 아니라 그동안 노무현 대통령의 대국민 발언을 보면 학술토론장에서의 토론자로서의 역할과 국정의 최고 책임자인 대통령으로서의 역할이 구분되지 않는다. 청와대 참모나 자문그룹들과의 토론 내용을 국민을 향해 그대로 발표하는 것 같다. 학자들은 자기의 입장을 그대로 말하면 되지만, 대통령은 그것이 국가와 국민에게 어떤 효과를 가져올 것인가를 생각해야 한다.

노무현 대통령은 우리 사회의 여론형성 구조가 잘못된 방향으로 왜곡되어 있다고 자주 말해왔다. 그리고 대통령으로서 이것을 고치는 데 앞장서겠으며, 이 과정에서 비롯되는 논란과 비판을 감수하겠다는 각오도 비췄다. 우리 사회의 잘못된 여론과 담론형성 구조를 고치는 것, 물론 필요하다. 그러나 이에 대한 대통령의 상황 인식과 개혁방식에 대해 국민 다수가 얼마만큼 공감하는지 먼저 생각해봐야 할 것이다.

개혁 독점의 전체주의적 사고 버려야

오늘이 노무현 대통령 취임 2주년으로 참여정부의 3년차가 시작되는 날이다. 참여정부의 지난 2년은 파란만장했다. 대통령 리더십을 둘러싼 갈등과 혼돈이 유난히 많았다. 개혁을 수행하는 과정에서 나타나는 불가피한 것이었다고 집권세력은 주장한다. 탈권위주의 리더십 아래에서 나타나는 새로운 현상이라고 말하기도 한다.

그러나 이런 혼돈과 갈등의 주된 원인이 대통령의 리더십에 있었다는 견해가 지배적이다. 국가의 갈등을 관리하고 국민을 통합해야 하는 대통령이 오히려 갈등의 진원지가 되었다는 것이다.

참여정부의 3년을 맞으면서 언론에서는 참여정부의 지난 2년에 대한 각계의 평가를 보도하고 있다. 주로 각 분야별 정책과 효과를 평가하고 있다. 그런데 대통령의 역할 수행에 있어서는 구체적인 정책 못지않게 리더십 자체에 대한 신뢰 여부가 매우 중요하다. 같은 정책이라도 대통령과 정부의 리더십에 대한 신뢰 여부에 따라 정책 효과가

* 2005년 2월 25일, CBS 뉴스해설

달라진다. 참여정부 3년차를 맞으면서 가장 반성해야 할 분야이다.

자신만 옳고 반대세력은 개혁의 대상이라는 독선적이고 전체주의적인 사고가 집권세력 내부에 많다. 탈권위주의를 참여정부 2년의 가장 성공적인 성과라고 평가하는데, 전체주의적 사고는 탈권위주의와 공존할 수 없다. 그렇기 때문에 지난 2년 동안 탈권위주의 효과보다는 권위의 실종과 이에 따른 독선이 두드러져 보였다. 참여정부의 중요한 가치 기준이자 개혁방향인 분권과 자율도 다양성과 공존의 정신을 바탕으로 한 것이다.

참여정부 3년차의 국정 환경은 지난 2년보다 좋지 않다. 집권 초에 비해 권력 프리미엄이 많이 해소되었다. 차기 대권을 둘러싼 싸움이 올해 중반부터 시작되고 정치세력들은 이를 중심으로 줄서기를 시작할 것이다. 단임제 아래에서 레임덕이 시작되는 상황이라고 볼 수 있다. 참여정부의 한 축인 열린우리당의 과반수 위력도 많이 위축될 것이다. 사실은 여야 간의 극단적인 대립이 있는 상황에서는 여당이 다수이든 소수이든 큰 차이가 없다. 재보선을 거치면서 그나마 원내 과반수도 붕괴될 가능성이 크다.

노무현 대통령은 집권 3년차 연설에서 선진 한국을 위한 전략지도를 제시할 거라고 한다. 대통령과 집권세력의 인식도 선진화되길 기대한다. 무엇보다 자신만 옳고 나머지를 배척하는 전체주의적 사고를 버려야 한다. 분열의 리더십이 아니라 국민적 에너지를 모으는 리더십이 절실히 필요하다.

■ ■ ■ 열린우리당의 과반수 붕괴

2004년 17대 총선에서 정원의 절반이 넘는 152명의 의원을 배출했던 열린우리당은 당 소속 의원들이 선거법 위반 등으로 자격을 상실해 의석이 줄어들다가 2005년 3월 25일 이철우, 김맹곤 두 의원에 대해 선거법 위반이 확정되면서 146명이 돼 과반수 지위를 잃는다. 그동안 과반수 의석을 차지했지만 지지도에서는 이미 2위로 밀려 있었고 두 번의 재보선에서 연패해 불안이 커지고 있던 상황에서 이제 원내 과반수 지위까지 상실하게 된 것이다.

궐위된 6명의 국회의원을 뽑는 2005년 4월 30일의 재보선에서 과반수 회복을 위해 총력전을 시도한다. 그러나 예상했던 대로 열린우리당은 한 곳에서도 승리하지 못한다. 여당 내부에서도 이때부터 17대 총선에서 원내 과반수를 획득한 열린우리당의 승리가 탄핵정국의 거품이 포함된 것이었다고 스스로 진단했다.

사실 과반수에 조금 미달하는 여당의 의석수가 문제가 아니라, 국민들로부터의 지지 상실이 문제였다. 국정운영 방식에 따라서는 원내 과반수를 충분히 만들 수 있는 상황이었다. 그런데 국민 여론과 동떨어진 국정운영, 독선적인 리더십은 여전했다. 그러면서 노무현 대통령은 여소야대 탓을 하더니 7월 들어 개혁대상이라고 성토하던 한나라당에 소위 대연정을 제안했다(이 책의 「한나라당이 아니라 국민에게 권력을 돌려주라」 참조). 이 대연정 제안은 참여정부와 여당의 지지 추락을 더욱 부채질하는 또 하나의 계기가 된다.

노 대통령과 유시민 의원

유시민 의원의 보건복지부 장관 지명이 전격 발표되고 여당 지도부와 청와대의 회동이 사실상 취소되는 것으로 이번 개각 파동이 외견상 일단락되었다. 내각 임명은 대통령의 고유권한이라는 청와대의 주장이 관철된 셈이다. 그러나 최종 인사권자의 권한 이전에 주변 동료들의 실질적인 평가를 중시해야 한다고 누구보다도 강조했던 사람이 노무현 대통령이었다. 노 대통령은 해수부 장관 시절에 자신이 이 다면평가를 도입했다는 것을 자랑했고, 참여정부의 인사정책으로 권고하기까지 했다. 그런 대통령이 오히려 "동료 의원들의 다면평가에서 0점을 맞은 사람을 장관에 임명한 꼴"이라고 한 여당 의원은 비판하고 있다.

어찌 되었든 대통령이 임명하겠다는데 도리가 없다. 한 부처의 장관 임명을 둘러싼 파문이 이렇게 큰 것도 흔치 않은 일이다. 이런 파문을 만든 배경에는 대통령의 고집과 비상식적 국정운영에 대한 불만도

---

* 2006년 1월 6일, CBS 뉴스해설

있다. 여기에 노 대통령의 행보를 옹호해온 유시민 의원의 이미지가 노 대통령의 이미지와 중첩되면서 논란이 더욱 증폭될 수밖에 없었다. 임기가 있고 최고 권력자인 노 대통령의 문제는 어쩔 수 없지만, 여기에 유시민 의원까지 가담한다면 문제가 더욱 심각해질 거라는 여당 의원들의 위기의식도 있었다고 본다.

청와대에서는 특정 계보를 대표하는 유의원의 경력관리가 필요하다는 점을 발탁배경의 하나로 들고 있다. 정치적 의도와 전략을 고려했다는 것이다. 더구나 지명 과정에서 당·청 간에 논란이 커지면서 정치적인 사안이 되어버렸다. 그리고 유시민 의원은 파문을 거치면서 결과적으로 정치적 비중을 더욱 키우게 되었다. 반면에 당의 중심에 서 왔던 정세균 대표는 뒷전에 밀린 느낌이다. 노 대통령이 내각 파문이라는 소용돌이를 통해 기존 여당체제를 흔들고 있다. 2004년 6월 김혁규 의원의 총리 지명 실패로 좌절되었던 노 대통령의 차기 대권 후보 재편 전략을 다시 시도하는 것으로 보인다.

그렇잖아도 정계개편이 거론되는 상황에서 여권 내부의 갈등이 정계개편에 불을 붙일 가능성이 크다. 민주당에서 열린우리당으로 바뀌었던 노무현 정부의 여당이 또 한번 바뀔지 모른다는 초유의 사태를 말하는 사람도 있다.

이번 파문을 보면서 대통령과 집권세력의 역할을 생각해보지 않을 수 없다. 국정운영의 최고 책임자가 정치게임에 주력해서는 곤란하다. 재신임 발언, 탄핵, 대연정 제안, 그리고 이번 파문에 이르기까지 참여정부는 집권 이래 지난 3년 대통령 스스로가 만들어낸 정치게임의 소용돌이 속에서 보냈다. 새해도 또 개각 파문으로 시작하고 있다. 차분하게 미래를 준비하자던 노무현 대통령의 신년사가 무색하다. 이런 파

동을 무릅쓰고도 더 큰 정치지도자로 성장할 수 있도록 복지부 장관
으로 지명했다는 비상식적인 국정운영에 놀랄 뿐이다. 정말 대단하다.

노무현 대통령을 엄호하는 경호실장, 또는 '왕의 남자'로 불리는 유시민,
그와 노 대통령과의 본격적인 인연은 노무현 대통령 후보의 입지가 흔들리던
2002년 7월 유시민이 그를 구하겠다며 노후보 진영에 가담하면서부터이다.
 60%대까지 올라갔던 노무현 후보에 대한 지지율이 2002년 6월 13일의 지방
선거를 거치면서 하락하기 시작한다. 김대중 대통령 아들들의 비리 논란 속에
치러진 지방선거에서 민주당은 지방선거에서 완패했다. 민주당의 대선 후보로서
선거의 중심에 처음 섰던 노무현 후보는 무기력했다. 더구나 부산·경남의 광역단
체장 중 한 곳도 건지지 못하면 후보직을 사퇴하겠다는 무리한 선언까지 했으나
성공하지 못했다. 물론 그렇다고 후보직을 사퇴한 것은 아니었다. 스스로 후보
사퇴 논란의 여지를 만든 셈이다. 여기에 월드컵 4강 신화와 함께 현대그룹
2세이자 대한축구협회장인 정몽준이 부각되면서 노 후보에 대한 지지가 상대적
으로 하락했다. 이런 상황을 둘러싸고 민주당은 신당 창당, 후보 재경선 등의
논란에 빠졌다.
 이때부터 노 대통령에 대한 적극적인 지지파와 나머지가 갈라지게 된다. ≪오
마이뉴스≫ 등에 칼럼을 쓰던 유시민은 노무현을 구하기 위해 「바리케이드에
화염병을 들고 뛰어드는 심정으로」라는 제목의 대담과 함께 노무현 진영에 가담
하면서 개혁당을 창당하고 정치현장에 뛰어들었다(이 책의 「4·24 재보선의 유시
민과 4·25 재보선의 김홍업」, 참조).

대통령 기자회견과 소통의 리더십

노무현 대통령이 어제 신년 기자회견을 가졌다. 자제력을 잃고 우왕좌왕하던 월요일의 신년 연설에 비한다면 어제의 기자회견은 양호했다. 기자들과 주고받는 질의응답 방식 덕이기도 했다. 그래서 연설 과정의 태도가 주요 논란거리가 됐던 신년 연설과 달리 이번에는 회견 내용에도 주목할 수 있었다.

회견 내용에 대해 야당은 모두 강한 비판과 불만을 제기하고 있다. 여당인 열린우리당은 국민의 궁금증을 풀어준 기자회견이었다고 적당히 옹호하고 있다.

대통령으로서 신년 기자회견은 국정에 대한 궁금증을 풀어주는 자리일 뿐만 아니라, 더 나은 희망을 주면서 성공적인 국정운영을 위해 국민과 관계자들에게 협력을 이끌어내는 계기가 되어야 한다. 가장 공감이 간 회견 내용은 외신기자의 북핵문제에 대한 질문의 답변이었다. 북핵문제를 보는 데 있어 우리 언론의 문제의식이 해외언론과 달라야

* 2007년 1월 16일, CBS뉴스해설

한다는 주문도 좋았다.

그러나 대통령의 역할 인식이나 국정상황에 대한 변명에서는 논란의 여지가 컸다. 아전인수격인 주장들도 있었다. 무엇보다 신년 연설과 기자회견이 국정에 대한 국민의 신뢰를 높이는 계기가 되었느냐는 회의적이다. 국정운영의 어려움과 국민의 불만 원인을 우리의 구조적 환경, 야당, 언론 등 외부 탓으로 돌리는 것은 여전했다. 실패한 국정에 대해 반성은 하지 않고 책임을 회피한다는 민노당의 비판성명이 나올 수밖에 없었다.

노 대통령은 지역주의 극복과 국민통합을 자신의 소명이라고 이번 회견에서도 밝혔다. 분열의 정치, 분열의 리더십이라는 그동안의 비판이 무색하게, 마치 다른 사람인 것처럼 국민통합의 지도자임을 자임했다. 그러면서 특정 정파와 정당을 지역주의 세력으로 비난하고 열린우리당에 대한 성원을 호소했다. 사실 노 대통령의 지역주의에 대한 인식이나 극복전략 자체에 근본적인 문제가 있다. 그러나 노 대통령은 이런 견해에 대한 성찰이 전혀 없다.

일부 친노 논객은 주위 여론에 아랑곳하지 않는 노 대통령의 태도를 확신과 철학이 있는 대통령의 모습이라고 미화시키고 있다. 그러나 아집과 일방적 주장은 민주적인 소통과 어울릴 수 없다. 차이를 인정하며 공존을 모색하는 것이 민주주의라고 한 대통령 자신의 주장과도 모순된다.

임기 마지막 해인 올해에는 TV대담 등을 통해 국민과 직접 소통하는 자리를 많이 만들겠다고 한다. 그러나 대통령 연설이 빨리 끝나기를 기다리는 드라마 시청자와 연설 시간이 짧아 할 말을 다 못하겠다는 대통령의 입장 차이만큼이나 대통령과 국민 다수의 생각은 유리되어 있는 것 같다.

　대통령 지위를 이용해 국민을 일방적으로 교화하겠다는 생각은 아주 위험하다. 물론 언론 매체에 의해 대통령과 정부의 의사가 한쪽으로 왜곡될 여지가 없지 않다. 그러나 진정한 소통을 원한다면 국정의 혼돈과 신뢰 추락의 주요 원인이 대통령 자신의 일방통행에 있었다는 점을 돌아보아야 한다.

'국민과의 직접 소통'과 청와대브리핑

　노무현 정부 들어 '국민과의 직접 소통'이라는 말이 자주 등장했다. 정부 스스로도 국민과의 직접 소통을 강조하면서, 탈권위주의, 참여정부, '국민이 대통령' 등의 기치를 내걸었다. 민주화 이후 민주주의의 과제라고 볼 수 있는 이런 구호들은 인터넷과 같은 새로운 소통 환경을 반영한 것이고 정치적 비주류에 있었던 노무현 대통령의 정치적 입지가 기존의 정치동원 구조보다는 국민과의 직접 소통을 더 선호하게 만든 측면도 있었다. 그러나 실제에서는 국민과의 소통보다 오히려 일방적인 주장만이 두드러졌던 것이 노무현 정권의 특징이었다.

　집권 초 노 대통령은 검찰 개혁을 의제로 삼아 이른바 「검사들과의 대화」를 가졌다(2003년 3월 9일). 대통령과 검사들과의 토론이 TV로 생중계되었다. 새로운 시도로 주목받았고, 탈권위주의의 징표로 자주 인용되었다. 그러나 대통령이 국가의 모든 문제를 직접 나서서 토론하면서 진행한다는 것은 애초에 불가능했다. 또 「검사들과의 대화」에서 나왔던 '이쯤 되면 막가자는 것이냐'는 대통령의 발언처럼 대통령과의 소통에는 한계가 있었다.

국민과의 직접 소통, 국민 참여정부를 강조했던 노무현 대통령은 점차 국민과의 소통이 아니라 오히려 국민 일반의 여론에 맞서는 행동을 자주 보여주었다. 시대에 뒤떨어진 국민의 의식 수준을 탓하기도 했다. 탈권위주의 시대, '국민이 대통령'이라는 구호와 달리 오히려 근대 초기의 계몽군주로 착각하는 듯했다. 자신의 원칙을 내세우고 국민과 다른 사람들을 향해 훈육하려 했다. 이는 결국 대통령과 정부에 대한 국민의 신뢰 추락으로 나타났다.

청와대에서는 언론이 국정의 현실을 왜곡해서 전달하기 때문에 국민들이 오해하고 있으며, 이 때문에 국정운영이 어렵게 되었다고 항변했다. 국민 여론도 왜곡된 정보와 여론형성 메커니즘에 의해 만들어진 것이라는 것이다. 국정상황에 대한 정보가 왜곡돼 전달되는 경우가 있을 것이다. 노무현 정부는 이것을 매우 심각하게 느꼈다. 언론의 횡포, 결코 작은 문제는 아니다.

그래서 집권 초부터 청와대와 정부 각 부처에서는 언론보도에 대해 해명하거나 반박하는 '청와대브리핑', '국정브리핑' 제도를 가동시켰다. 정부가 공식적이고 공개적으로 국정에 관한 정보를 직접 제공하여, 국정 정보가 왜곡돼 전달되는 것을 줄이겠다는 취지였다. 기자들이 개별적으로 정부의 취재원에 접근하는 데 따른 부작용과 문제점도 이 브리핑 제도를 통해 해결하겠다고 했다.

하지만 정부에 관한 언론보도의 취재원은 이 브리핑 자료 외의 것이 대부분일 수밖에 없었다. 만일 정부의 브리핑 자료에만 의존한다면 관제 언론에 불과할 것이다. 그래서 청와대브리핑과 국정브리핑의 내용은 주로 기존의 언론보도에 대한 반박용으로 쓰였다. 국정상황에 대해 정부가 나서서 설명하고 왜곡된 정보를 시정하는 것은 필요하고 바람직한 일이었다. 그러나 대통령과 참모진들이 나서서 언론의 시각까지 교정하려는 것은 적절치 못했다.

정부의 무리한 개입은 논란과 갈등을 만들면서 국정운영 에너지를 소모시키는 결과를 초래했다. 물론 논란과 갈등 과정이 시정의 과정이 될 수도 있다. 그러나 정부에 대한 신뢰 부족은 갈등과 국정 혼돈, 그리고 다시 신뢰 부족으로 이어지는 악순환을 만들었다. 언론의 역할에 문제가 없지 않다. 심각한 경우도 많다. 그렇더라도 국민의 비판이나 불만에 호응하기보다 언론 탓이나 국민 탓으로 돌리는 정권을 책임 있는 정부, 민주 정권이라고 하기는 힘들 것이다.

노무현 정부에서 두드러졌던 국민과의 직접 소통 행동은 실제로 소통보다는 일방적인 홍보 전략에 가까웠다. 소통은 상호 이해와 신뢰의 증진이다. 일방적인 계몽의지와 홍보를 가지고 소통이라고 할 수는 없다. 노무현 정부의 정치적 동원은 실패한 포퓰리즘 전략이었다고 할 수 있다. 이런 점에서 제도정치 바깥의 '진보적 민중주의' 전략을 구사하지 못한 것이 노무현 정부의 실패 요인이었다는 조희연 교수의 분석을 비판하면서, 오히려 그런 민중주의적 동원 전략의 한계와 실패를 지적하는 강준만 교수의 지적은 타당해 보인다(「동원정치보다 개혁·진보 진영 성찰 우선하라」, ≪인물과 사상≫, 2007년 5월호).

인터넷 환경이 소통을 통한 이해의 증진을 가져왔느냐는 좀 더 논의해야 한다. 정보에 대한 접근이 용이해지면 소통의 가능성도 커질 수 있지만, 정보의 홍수 속에서 자기 확신을 강화하는 정보만 반복해서 선택할 수도 있기 때문이다. 너무 많은 정보 속에서 사람들은 정보를 선택적으로 접하게 되며, 대체로 자기에게 유리한 정보만 선택하는 경향이 있다. 인터넷 공간에서 서로의 이해보다는 편가르기 싸움이 커지는 현상을 우리는 자주 목도할 수 있다.

제3장
권력게임에 밀린 정치개혁

노무현 후보가 대통령으로 당선될 수 있었던 배경에는 정책적 역량보다 새로운 정치에 대한 높은 기대가 있었다. 노무현 후보 진영 스스로도 새로운 정치, 정치개혁 등을 강조하는 선거 캠페인을 전개했고, 정치개혁추진위원회를 선거운동 팀의 하나로 가동시켰다. 당선 직후에는 대통령직인수위원회에 정치개혁실을 설치하기도 했다. 그런데 노무현 정부의 정치개혁은 제도적 차원의 개혁보다는 집권여당의 진로와 헤게모니를 둘러싼 싸움과 맞물린 정계재편으로 나타났다.

노무현 대통령 당선 직후부터 당시 집권여당인 민주당 개혁과 신당 창당을 두고 논란을 벌이다가 결국 정권 주도세력은 분당세력과 함께 새로운 여당을 창당했다. 민주당으로부터 탈당한 세력이 주축이 되고, 노무현 대통령 측근 세력 소수와 구집권세력인 한나라당으로부터 탈당한 5명의 현역 의원이 가세해 2003년 11월 11일 열린우리당을 새로운 집권여당으로 창당했다(원내의원 47명).

열린우리당 창당을 주도한 정치인들은 열린우리당의 창당 자체가 정치개혁의 과정이며 자신들이 정치개혁의 선봉임을 자임했다. 당시 신당 창당이 지지부진한 상황에서 한나라당으로부터 탈당했던 5명의 의원들도 정치개혁을 위한 신당 창당의 촉진제라는 점이 강조되면서 '독수리 5형제'로 불리기도 했다.

거대 정당 독과점 해소가 관건

한나라당 일부 의원들의 탈당이 거론되면서 정계개편론이 확대되고 있다. 대권과 세력 싸움에 종속되었던 한국 정당정치 구조의 현실을 감안했을 때, 정계개편은 필요하다. 이념에 따른 재편을 말하기도 하고, '개혁' 세력의 결집을 말하기도 한다. 그런데 이념, 개혁 등의 기준에 따른 재편보다는 현행 거대 정당의 독과점 체제를 해소하는 것이 한국 정당정치의 개혁을 위한 기본적인 과제이다.

최근의 정계개편론 와중에도 이런 독과점 체제의 한계가 그대로 나타나고 있다. 한나라당 일부 의원들의 탈당을 두고, 그동안의 불안정한 동거가 정리된 것이라고 말하기도 한다. 이런 불안정한 동거가 이루어졌던 배경은 대권 싸움에 종속된 거대 정당의 독과점 체제라는 한국 정당정치의 구조적 특성에 있었다. 기존 정당이 마음에 들지 않더라도 거대 정당에 편입되지 않으면, 정치적 입지를 마련할 수 없었다. 더구나 지역별로 사실상 1당이 독점하는 지역주의 구도에서 선택

* 2003년 7월 1일, ≪경향신문≫

의 폭은 더욱 제약받을 수밖에 없었다.

많은 부분에서 정치환경이 변화하고 있지만, 아직은 기존의 독과점 체제가 힘을 발휘하고 있다. 개혁세력임을 자임하는 한나라당 탈당파들의 고민도 여기에 있다고 할 수 있다. 물론 지역주의에 부합하면서 보수정당의 세력 싸움에 동원되었던 정치인들이 무슨 개혁세력이냐는 세간의 비판이 일리가 없는 것은 아니다. 특히 몇몇 의원의 경우 개혁세력으로 자임하기엔 그동안의 정치역정과 행태가 너무 반개혁적이다.

민주당과 주변의 개혁신당 추진은 실질적인 신당 창당이라기보다 독과점 체제의 한 세력인 민주당을 인수·재편하려는 전략이었다. 노무현 정권의 집권 프리미엄과 기세를 바탕으로 민주당을 인수·재편하려 한 시도는 일단 제동이 걸린 상태이다. 그 시도 차제가 부적절했을 뿐 아니라, 노 대통령의 리더십에 대한 신뢰가 약화되자 인수·재편의 동력도 약화된 것 같다. 또한 민주당은 개혁세력임을 자임하는 세력들에게 부합하는 브랜드를 가진 정당이었다. 이로 인해 한 신진 정치인은 민주당을 해체의 대상이라고 하면서도, 개혁세력의 중심은 민주당일 수밖에 없다고 얼러치기도 하였다.

기존의 독과점 세력은 기득권을 넘겨주려 하지 않을 것이다. 이런 점에서 개혁세력은 새로운 기득권을 장악하려기보다는 비민주적 독과점 체제를 이끌어온 기존 제도의 개혁에 주력해야 한다. 그것이 기득권 구조의 개혁이다.

지역주의 정당체제의 한계를 극복하는 것도 현 거대 정당의 전국정당화가 아니라, 그들의 독과점 체제를 깨뜨리는 데 있다. 한나라당과 민주당이 영호남 지역에서 적당히 지지를 받도록 하는 것보다는, 그들의 지역별 독점체제를 약화시키는 제3세력이 성장할 수 있도록 하는 제도적 유인책이 필요하다.

정당조직의 민주화가 정치개혁의 핵심으로 지적되고 있다. 그러나 '정당체제'의 민주화가 정당조직의 민주화보다 더 근본적인 과제이다. 오래 전부터 각 정당이 정당의 민주화를 말해왔지만, 이들이 독과점하는 정당체제에서는 실질적인 민주화를 하지 않더라도 별 타격을 받지 않았다. 대기업의 상품에 불만이 있더라도 이들이 시장을 독점하는 상황에서는 어쩔 수 없이 그 상품을 구매할 수밖에 없던 것과 마찬가지이다.

정치시장이 유연화(柔軟化)되어야 된다. 비민주적인 정당은 정치시장에서 실패하고 민주적이고 바람직한 정당이 성공할 수 있도록 해야한다. 그러기 위해서는 정당체제가 민주화되어야 한다. 대기업의 독점체제가 아니라 중소기업과 벤처기업이 공존하는 기업구조처럼 정당체제도 다양화되어야 한다. 정당체제의 민주화는 정당조직의 민주화를 견인할 것이다. 국민의 기대에 부응하는 새로운 정당의 진입이 용이하도록 정치시장이 유연화된다면 기존의 정당들도 기득권에 안주할 수 없기 때문이다.

현재 정치시장의 유연화를 어렵게 하는 핵심 요인은 현행 대통령제이다. 그 소용돌이의 핵에 대권이 있다. 대권 싸움은 1위를 향한 싸움이며, 승자독식의 구조이다. 정당정치는 이 대권 싸움에 종속되어 있다. 현행 대통령제를 분권·분점체제에 부합하도록 재편하는 것은 제도개혁의 요체이다. 물론 정당명부비례대표제 채택 등 선거법 및 정당관련법의 개정도 정치시장의 유연화에 부합하는 방향에서 추진되어야 한다.

정치개혁을 위한 기득권 구조의 해체는 새로운 기득권으로의 대체가 아니라 정치시장의 민주화와 이를 위한 제도개혁에서 찾아야 한다.

■ ■ ■ 정치개혁과 열린우리당 창당

당시의 신당 창당이 정치개혁의 시발이었다는 데 나는 동의하지 않는다. 신당 창당을 통한 정치개혁은 지역주의 극복과 정당조직의 민주화를 몸소 실현하겠다는 것이었다. 그러나 애초부터 지역주의에 대한 잘못된 인식을 토대로 한 정치개혁론 자체가 문제였다. 또 한국의 대통령제 아래에서 대통령에 종속되어 있는 집권여당의 딜레마는 정당민주화라는 형식상의 구호로 해결될 수 있는 문제가 아니었다.

새롭게 창당된 열린우리당은 탄핵정국에서 치러졌던 17대 총선에서 민주화 이후 최초의 과반수 집권여당이 되어 대성공을 거두는 듯이 보였다. 그러나 17대 국회가 끝나기도 전에 당은 해체 직전에 놓이게 됐다. 노무현 진영의 영남 지지기반 확보를 지역주의 극복으로 생각한 노 대통령의 전략은 결국 대연정론으로까지 이어졌고, 이는 다시 정권에 대한 신뢰를 추락시키는 악순환 과정을 되풀이했다.

한국 정치개혁의 초점은 거대정당의 독과점 구조를 해소하는 것이다. 이를 위해서는 제도개편이 필요하다. 그러나 유감스럽게도 제도개편 이전에 세력교체를 내건 권력투쟁이 정치 과정을 압도했다. 정권 후반기에 제도개편을 말하고, 심지어 임기 1년 남긴 2007년에 개헌까지 제기했다. 제도개편 방향의 타당성에 대한 논란은 차치하고라도, 차기 대선 일정이 얼마 남지 않은 정권 말기에 국민의 신뢰를 상실한 정권이 주도하는 개헌 등의 제도개편이 성사될 리 없었다.

정당명부비례대표제의 도입 효과

2002년의 광역자치단체 지방의원 선거에서부터 실시됐던 정당명부비례대표제가 2004년의 17대 총선부터 국회의원 선거에도 도입되었다. 정당명부비례대표제는 정당 책임정치를 강화하고 소선거구제 등에서 배제되는 소수세력을 대변할 수 있도록 하는 선거제도 또는 대표제도이다. 유럽의 의원내각제 국가들뿐 아니라, 아르헨티나, 콜롬비아, 파라과이, 에콰도르 등 남미의 대통령제 국가들에서도 채택하고 있다.

정당책임정치 체제가 아니고 대통령 중심의 정치체제인 남미 국가들의 정당명부비례대표제 효과에 대해서는 별도의 논의가 필요하다. 승자독식의 대통령제는 기본적으로 소수세력의 대표 기능이라는 비례대표제의 취지와 충돌할 수 있다. 더구나 우리나라는 연방제나 대통령 결선투표제 등을 채택하는 남미 국가들보다 승자독식의 경향이 더욱 강하다. 또 정당민주주의가 정착되지 않은 상태에서 정당명부제는 정치 파벌의 흥정거리로 활용되기 쉽다. 남미의 경우가 그렇다. 우리나라 권위주의 체제하에서 전국구 제도를 떠올리면 된다.

우리나라에서 정당명부비례대표제의 도입과정에서 현행 대통령제와의 조화 문제에 대해서는 별로 검토되지 않았다. 하기야 대통령제를 채택한 나라 중에서 민주적 안정을 달성한 나라는 소국을 제외하고 미국 하나뿐이다. 그런데 미국은 정당의 기율이 매우 약하고 정당명부비례대표제를 채택하고 있지 않다. 정당명부제를 우리나라에 도입하는 과정에서 주로 비교·참고했던 독일과 일본은 모두 내각제 국가이다.

우리나라에서 정당명부비례대표제는 지역분할 구도의 완화를 위한 선거제도로 논의되다가 도입되었다. 그러나 국회의원 정수 299명 중 비례대표가 56명에 불과해 정당명부의 효과도 미미할 수밖에 없다. 또 정당비례 명부와 그에 대한 투표가 지역별이 아니라 전국적으로 이루어지기 때문에 지역 분할 구도의 완화효과를 보기는 어려웠다.

비례대표제는 소선거구제가 가지고 있는 한계, 즉 밴드웨건 효과(bandwagon effect 행렬에서 선두악단 차를 따라가듯이 당선 가능성이 높은 후보나 당에게 표가 쏠리는 현상, 그와 반대인 underdog은 개싸움에서 아래 깔린 약자를 응원하듯이 약자에게 동정표를 보내는 현상)나 승자독식(winner-take-all)에 의한 사표 문제를 완화할 수 있다. 그러나 대통령 권력을 중심으로 세력싸움이 일어나고 정당정치 역시 이에 종속되어 양당체제 경향을 보여주는 한국의 정치제도에서는 소수의 대표성을 강화하는 비례대표제의 목적도 한계를 나타낼 수밖에 없다.

17대 총선에서는 민주노동당이 정당명부비례대표제의 효과를 극적으로 보았다. 지역 소선거구제에서 2명을 당선시켰던 민주노동당은 전국 정당투표에서 13%의 지지로 8명의 비례대표를 배분받아 원내 10석의 정당으로 도약할 수 있었다. 물론 정당투표에서 민노당의 도

약은 단지 정당명부제만 아니라 당시 탄핵정국의 효과도 컸다(탄핵정국이 정당명부 투표에 미친 영향에 대해서는 김만흠, 『민주화 이후 한국 정치와 노무현 정권』, 한울, 2000, 96~99쪽 참조).

　정치제도는 서로 상호작용하면서 제도의 효과를 나타낸다. 이런 점에서 한국의 정치시장과 정당체제의 경직화를 초래하는 제도적 요인이 단지 국회의원 선거제도에만 있는 것은 아니다. 오히려 현행 대통령제가 결정적인 영향을 미치고 있다. 말로는 정당정치를 강조하지만, 현행 대통령제에서는 정당 중심의 정치가 한계를 가질 수밖에 없다. 정당이 책임지는 정치가 아니라 대통령이 책임지는 정치이며, 정당은 대통령 권력에 종속되어 있는 상태이다. 오래전부터 주장해온 바이지만, 한국 정치제도 개혁의 핵심은 대통령제의 개편이다. 개편 방향의 초점은 노무현 대통령이 제안한 대통령 임기나 연임 여부가 아니라 대통령제 자체를 권력의 분점과 공존이 가능한 이원집정제 등으로 개편하는 것이다.

정치평론가는 책임 없나

신문 등의 칼럼에는 우리 사회의 문제를 지적하는 글들이 수없이 쏟아진다. 그중에는 수 년, 아니 수십 년 동안 똑같은 진단들이 반복되는 것들도 있다. 예나 지금이나 문제가 고쳐지지 않기 때문에 똑같은 처방이 반복될 수밖에 없는 점도 있다. 그러나 우리 사회의 비판적 주장들이 실천적 대안으로 이어지지 못하는 것이 상당 부분은 그런 주장 자체가 현실과 유리되거나 부적절하기 때문은 아닌지 돌아볼 필요가 있다.

현실은 그대로인 채 똑같은 비판이 반복되는 현상은 우리의 정치를 진단하는 정치평론에서 특히 두드러진다. 물론 유사 이래로 정치는 좋은 평가를 받은 적이 별로 없다. 우리나라뿐 아니라 대부분의 다른 나라에서도 정치인은 가장 불신을 받는 직종으로 나타나고 있다. 정치와 정치인에 대해서는 끊임없는 비판과 감시가 필요하다. 그러나 정치환경의 변화와 함께 우리의 정치가 바뀌어야 한다면, 정치평론 역시 질

* 2003년 8월 2일, 《경향신문》

적으로 바뀌어야 한다. 물론 우리의 정치 현실과 미래에 대해 혜안과 희망을 주는 정치평론이 없지는 않다. 그러나 아주 드물다.

20세기 초의 유럽 정당정치 모형을 21세기 한국 정당정치의 대안으로 제시하는 비역사적이고 비현실적인 주장이 여기저기서 반복되고 있다. 어제는 다원화 시대에 맞게 한국 정당정치가 바뀌어야 한다고 하면서, 오늘은 이념적 양당체제를 옹호한다. 공존을 강조하더니 투쟁적 대립모델을 제시한다. 어느 당의 대선 후보 선출과정을 두고 지역주의 극복의 전환점을 만들었다고 칭송하더니 오늘은 그 정당을 지역주의 정당으로 몰아붙이는 사람도 있다. 우리나라의 정당과 지지세력에서 이념적 차별성이 비교적 뚜렷하다는 것을 조사발표하는 글이 있는가 하면, 반대로 이념적 차별성이 약하다는 것을 문제로 지적하는 글들이 단골로 등장한다. 그럼에도 서로 다른 주장을 상호 점검하지 않은 채 해묵은 강의노트를 매년 반복 사용한다.

우리의 정치가 구시대의 정치를 벗어나지 못하고 있다고 비판하지만, 한국의 정치평론은 오히려 더 구시대적 것이 아닌지 반문한다. 물론 우리의 정치평론 전부를 말하는 것은 아니다. 나 자신을 포함해 긴장과 반성이 필요하다. 요즈음 말로 업그레이드를 시키지 않는다. 그럼에도 이런 정치평론이 언론시장에서 상품으로 통용되고 있다. 일반 상품시장 같으면 벌써 퇴출되었을 것이다.

동네북처럼 몰매를 맞는 한국 정치에 대한 비판적 분위기 속에서 정치와 정치인을 무조건 비판하는 것만으로도 그동안 한국의 정치평론은 상품이 되어왔다. 그러나 현실적인 적합성을 갖지 못한 정치평론이 우리의 정치를 개선하는 데 기여하기는 어렵다. 정치불신을 심화시키는 역할을 할 뿐이다.

현실의 변화는 변화를 요구하는 사람들보다 앞서 간다는 말이 있다. 더구나 책임 있는 자세와 치열한 노력 없이는 정치평론 등을 통해 제기하는 현실의 변화에 대한 주장들이 실천력을 갖기 어려울 것이다. 정치에 대한 안목과 진단을 주도하는 정치평론이 제 역할을 하지 못하면서 언론시장을 차지하고 있다면, 이는 기득권을 누리는 것이며 오히려 바람직한 현실인식에 장애요인이 될 수 있다.

민주화 시대일수록 여론정치의 자율적 힘은 커진다. 그만큼 우리 정치의 현실에서 여론과 여론 주도층의 역할이 커진다는 것이다. 한국 정치의 개혁을 위해서는 언론이 개혁되어야 한다는 것이 자명한 이유도 여기에 있다.

언론정치 구조가 바뀌기 위해서는 물론 언론사 구조 자체가 개혁되어야 한다. 그러나 정치평론을 쓰는 사람들의 자세와 인식 역시 개혁되어야 한다. 평론을 주로 쓰는 전문가나 학자들은 언론사에 종속적이라 할지라도 자신들의 책임을 언론사로 돌릴 수는 없다. 한국의 언론시장 구조의 변화를 가능케 하는 새로운 공간도 생겨나고 있다. 한국 정치를 3류라고 하는 사람들도 있다. 이제 그런 한국 정치의 현실은 언론과 정치평론의 현실 수준과 무관하지 않다.

무책임한 지식권력

노무현 정부 말기에 이르면서 그동안 노 정권과 같이해온 사람들까지도 정권의 실패를 말하고 있다. 마치 자신들과는 무관한 것처럼 비판한다. 정치인들의 변신 과정이나 무책임한 행태는 대개 국민들 앞에 드러난다. 하지만 정치권을 진단하고 비판하는 사람들의 일관성이나 책임성은 별로 검증되지 않는다.

일반 국민이나 언론들이 지식인들의 활동 궤적을 별로 주목하지 않았기 때문이기도 하다. 그들은 객관적인 공익을 표방한다. 이때 저때 어느 쪽이든 비판만 하면 되는 것처럼 되어 있다. 자신들이 개입하고 참여한 정권에 대해서도 마치 제3자인 양 비판한다.

독재권력 시대에는 정권에 참여한 지식인들을 흔히 '어용'이라 불렀다. 어용교수, 어용학자, 어용지식인 등으로. 민주화 정권에서는 민주화 운동 진영에서 활동했던 지식인들이 주로 정권에 참여했다. 이들 역시 어용이라고 할 수 있는 경우도 있을 것이다. 비판적 문제의식을 토대로 한 현실참여라고 주장하는 경우도 있을 것이다(2007년 4월 22일부터 연재가 시작된 ≪경향신문≫의 기획특집 기사 「민주화 20년 - 지식인의 죽음」 시리즈, 그 중에서도 5월 14일에 게재된 「정치권력과 지식인-상」은 한국 지식인의 정치권력 참여에 대한 분석자료를 아주 잘 정리하고 있다).

어떤 방식으로 참여했든, 정권의 호위병 역할을 했던 사람들이 노무현 정권에 대한 신뢰가 추락한 가운데 정권 말기가 되자, '민주진영의 위기', '진보진영의 위기' 하면서 대안운동이라는 것을 전개한다고 한다. 만약에 위기라면 자신들도 그 위기에 책임이 있을 텐데, 그런 책임을 말하는 사람은 거의 없다.

여론정치 시대, 정보화 시대가 되면서 현실정치의 권력투쟁에서 담론의 중요성 역시 아주 커졌다. 그러니 노무현 대통령까지 직접 나서서 '담론투쟁'이라는 것을 하고 있지 않은가. 물론 한국의 현 상황에서 대통령이 직접 담론투쟁에 나설 일은 아니다.

청와대 참모들까지 가세한 노 대통령 진영의 담론투쟁은 집권세력으로서의 역할 혼돈이었다. 담론투쟁이 아니라 직접 집행하고 실행할 일들이 얼마나 많은가? 그런 일들을 잘하면 될 터인데 국민을 상대로, 언론을 상대로, 때로는 전문가들을 상대로 말싸움을 해온 것이다. 그것은 노 정권 신뢰 추락의 중요한 요인이었다. 더구나 적절하지 않고, 때로는 맞지도 않은 주장을 가지고 국가 에너지를 소진시켜왔다.

대연정 주장도 그랬고, 최근의 개헌 제안도 마찬가지다. 이론적 기반도 없는데 계몽군주처럼 나선다. 의원내각제에서 주로 시행하는 연정을 대통령제에서도 시행하는 보편적인 국정운용 방식이라고 우긴다. 실질적 개헌을 위한 원포인트 개헌이라고 하더니 연임제에 임기 주기 맞추는 것이 국가발전 전략이라고 홍보한다.

맞는 말도 없지는 않다. 손학규 전 경기지사의 탈당을 두고, "경선에서 불리하니까 탈당하는 것은 민주주의 원칙에 반한다"는 노 대통령의 주장은 맞다. 그러나 자신의 집권 기반이었던 정당을 압박하고 분열시켜 신당을 창당했던 노 대통령 자신이 할 말은 아니다.

그런 만큼 정치적 담론 생산자들의 역할이 중요하다. 물론 노무현 정부에서는 노 대통령 자신이 그런 역할을 수행했다. 노 대통령 주변에서, 때로는 기웃거리면서, 때로는 시민운동가의 이름으로 부절적하거나 맞지도 않은 주장을 펼쳤던 자들이 정권 말기에 이르자 엉뚱하게 변신하려 하고 있다. 책임을 지고 자숙해야 할 사람들이 비판적인 대안세력을 자임하고 나서고 있다. 2007년 3월의 상황이다.

한국 국민은 양당제를 원하는가?

우리나라 국민들은 양당제를 선호한다고 많은 사람들이 말한다. 김대중 전 대통령도 비(非)한나라당 세력의 통합 가능성을 말하면서 똑같은 주장을 계속해왔다(2007년 2월 5일 「손석희의 시선집중」, 2월 7일 「열린우리당 원내 대표 면담」, 2월 28일 「민생정치모임 면담」, 3월 31일 「CBS TV 개국 5주년 특별대담」 등). 우리나라에서 양당제화 경향이 있기는 하다. 그러나 국민이 양당제를 선호하기 때문이라고 할 수는 없다.

한나라당은 DJ의 양당제 발언이 비한나라당 세력의 통합을 독려하고 있다는 점에서 비판했다. 그러나 국민들이 양당제를 선호한다는 주장 자체에 대해서는 거의 반박이 없었다. 인터넷 신문 대자보의 칼럼에서 신정모라의 「정치발전 역행하는 DJ의 양당제 발언 유감」이 거의 유일했다(대자보 2007년 2월 6일 게재). 물론 반박의 배경은 나와 조금 다르다.

정당체제는 여러 요인에 의해 결정된다. 그 중에서 특히 정치제도는 결정적인 역할을 한다. 그동안 우리의 정당체제를 유사 양당제(양당제와 다당제 사이를 왔다 갔다 함)로 이끌어왔던 가장 중요한 변수는 대통령 중심제와 소선거구제였다.

승자독식의 대통령 중심제에서는 대통령을 당선시킨 한 세력이 권력을 다 장악한다. 그리고 이에 대응하는 세력, 잠재적으로 대통령을 당선시킬 수 있는 제1야당이 차기를 기약하며 준비한다. 국회의원 선거제도 역시 소선거구제로 승자 1명만 당선시킨다. 따라서 여당, 아니면 제1야당 소속의 지명도 있는 사람이 당선될 가능성이 크다. 승자가 독식하는 1인 승리 게임이기 때문에 분열 세력은 승리하기 어렵다. 그래서 선거를 앞두고 통합 논의가 제기된다. 결국 정치게임 구도를 결정하는 정치제도가 양당제를 이끌고 있는 것이지, 국민들이 양당제를 선호하는 것은 아니다.

무엇보다 승자독식의 대통령제 영향이 크다. 지난 17대 총선에서 정당명부비례대표제가 도입되었다. 이미 논의한 바 있듯이 사표를 줄이고 소수세력의 진입을 허용토록 하는 취지였다. 그 결과 민노당이 대거 원내 제3당으로 진출할 수 있었다. 그러나 한국 정치를 좌우하는 현행 대통령제가 개편되지 않는다면 비례대표제의 이런 취지는 한계가 있을 수밖에 없다.

과연 어떤 정당체제가 바람직한가는 각 정치사회의 조건에 따라 다르다. 현재 우리 사회에서 필요한 바람직한 정당체제는 양당제보다 오히려 다당제, 다원적 정당체제이다. 다만 현재 권력게임의 구조가 다원적 정당체제의 출현을 억압하고 있는 것이다. 현재의 정당체제는 불안정한 양당제, 불안정한 다당제이다. 세력싸움 때문에 억지로 거대세력에 편입해 양당체제를 구성하고 있다. 권력에 대한 접근 기회가 달라지면 쉽게 붕괴되어 이합집산한다. 안정된 양당제가 아니기 때문에 당연히 다당체제가 생긴다. 그러나 이 또한 선거를 전후해 거대세력에 흡수되는 불안정한 체제이다.

거대세력 싸움 구조를 개선해야 한다. 또 다양한 이해관계와 견해를 다원적으로 수렴할 수 있어야 한다. 제도개편을 통해 정당체제를 유도한다면 다당제가 정착될 수 있는 방향이 되어야 한다. 위에서 지적한 정치시장의 유연화가 바로 이것이다. 경직된 균열구조를 만들고 있는 지역주의 딜레마의 해결방향도 여기에서 찾아야 한다.

창조적 와해와 배신의 정치

정치권이 혼돈과 재편의 시기를 맞고 있다. 물론 그 촉발은 신당의 출범과 함께 시작되었다. 이런 과도기의 혼돈이 어떤 발전적인 효과를 가져올지 알 수 없다. 신당 창당을 두고도 노 대통령은 한때 '창조적 와해'라고 옹호한 반면, 현 민주당 세력은 '배신과 분열의 정치'라고 비난했다. 가능성은 별로 없지만, 최근에는 분열 이전의 민주당 세력이 다시 합해야 한다는 말도 흘러나오고 있다.

무엇보다 각 정당의 새로운 리더십의 향배가 주목받고 있다. '1인 보스정당'의 시기가 지나면서 각 정당의 새로운 조직 질서와 문화가 모색되고 있다. 세대교체나 이미지 변화가 요구되는가 하면, 안정과 화합의 리더십이 강조되기도 한다.

여느 때보다 많은 정치지망생들이 의회 진출을 겨냥하고, 정치권 물갈이를 말하는 사람도 있다. 어느 지역구에는 20명 이상의 예비후보들이 나서고 있다고 보도되고 있다. 물론 역대 국회의원의 초선 비

---

* 2003년 11년 20일, ≪경향신문≫, 「정치재편의 계절」

율이 50%를 넘었던 사실이 말해주듯이 우리의 정치권은 꾸준히 물갈이가 이뤄져왔다. 단순히 물갈이로는 의미가 없다는 것이다. 전환기적 상황에서 폭증하는 정치지망생들에 대해 호의적 평가만 있는 것은 아니다.

지난 대선 직후 한나라당의 위기에 대한 인식은 정치권의 재편을 촉발시킬 수 있는 계기였다. 지역감정 구도에 안주했던 한나라당의 정치전략은 연거푸 두 번 대선에서 실패했고, 대선 이후 새로운 지도력에 대한 전망도 불투명했다. 당내에서는 위기의식과 함께 당 개혁론이 강하게 제기되었다. 그러나 집권여당의 분열과 노 대통령의 국정운용에 대한 국민의 불만은 상대적으로 한나라당을 자족하게 만들었다. 그러다가 이번 대선자금 비리 정국에 들면서 다시 위기를 맞고 있다. 이런 위기상황을 1980년대 민정당 이래의 전통을 지키기 위해 재결의를 다지면서 극복하려 할지, 구각을 벗고 재탄생하는 계기로 활용할지 모르겠다.

열린우리당을 창당한 민주당의 신당파는 정치개혁을 표방했다. 지역감정 극복과 차기 총선 다수당 확보라는 당의 정치개혁 프로그램은 아직 그렇게 국민적 설득력을 얻지 못하고 있다. 제1당이 될 것이라고 스스로 말하지만, 대부분의 여론조사에서 아직 제3당의 위치를 벗어나지 못하고 있다. 핵심 지지층으로 삼겠다는 젊은 세대의 지지에서도 마찬가지이다. 선거구제 등의 제도개편 없이 열린우리당이 분열의 한계를 극복하기는 쉽지 않아 보인다. 지역통합을 내건 정당이 분열에 의한 신당창당을 하면서 오히려 지역감정을 불러일으켰던 점을 앞으로 어떻게 해소할 수 있을지 과제이다. 우리당이 오히려 호남 지역에만 잔인한 선택을 강요하는 지역패권 논리를 수용하고 있다는 주장도 반박하기가 쉽지 않다.

분당과 함께 야당으로 입지가 바뀐 민주당은 간신히 제2당을 유지하고는 있지만, 여야 구도의 정국에서 입지가 더 축소되어 있다. 물론 당장 지난 대선 자금 논란에서는 상대적으로 자유스러운 것처럼 보인다. 민주당의 전통을 자임하는 가운데, 전통 민주당 지지자로부터 상대적으로 많은 지지를 받고 있다. 그러나 변화 없는 전통에 대한 강조는 자칫 수구가 될 수 있다. 그것은 점차 몰락을 재촉하는 것이다. 앞으로 두고 보아야겠지만, 분당과정에서 제기되었던 민주당의 개혁과제를 과연 얼마나 실천할 수 있을지가 관건이다.

지난 16대 대선에서 제3세력으로 주목받으면서 "국민 여러분 행복하십니까? 살림살이 좀 나아지셨습니까?"라는 말을 유행시켰던 민주노동당은 원외세력의 한계 때문인지, 제도정치권의 논쟁구조에서 비켜서 있다. 노 정부 초기부터 시작된 신당 논란이 민노당의 상대적 소외에 한몫했던 측면도 있다. 신진 군소세력의 진입장벽을 해소하는 정치개혁 제도의 입법화 여부가 민노당 진로의 변수로 보인다.

대통령의 리더십은 한국 정치의 중요한 영역이다. 최근 노 대통령의 리더십이 전에 비해 조금 여유가 있어 보이기도 한다. 그러나 노 대통령의 국정운영에 대한 국민의 부정적 평가가 여전히 높다. 재신임 논란 이후 여론조사에서 재신임률이 높게 나타나는 것을 두고 집권세력 일부에서 자족하기도 한다. 그러나 오히려 40% 내외의 응답자가 집권 8개월의 대통령을 그만두라고 했다는 사실을 직시하지 않는다면 국정의 미래에 대한 전망도 부정적일 수밖에 없다.

정치지지도와 여론조사의 해석

한국의 정치에 관한 여론조사를 분석하는 데 가장 많이 지적되는 것 중 하나가 여론조사에 나타난 의견과 실질적인 의견의 차이 문제이다. 물론 여론조사 결과는 통계학적인 신뢰도나 표본 확률 등과 함께 제시된다. 그러나 응답자들의 조사태도에서 비롯되는 편견 등은 통계학적 고려와는 다른 문제로 남아 있다. 예컨대 특정 정당이나 후보자를 지지하는 사람들이 여론조사에서 응답을 기피하는 경향이 유난히 강할 수 있다. 그럴 경우, 여론조사 결과에서는 이들의 의견이 실제보다 적게 나타나게 된다. 여론조사 결과와 실제는 다를 수 있다는 것이다. 특히 비밀투표가 이루어지는 선거의 행태는 사적인 신분 노출의 우려가 있는 여론조사와 다른 결과가 나올 가능성이 있다.

또 우리의 여론조사에서는 대체로 의견보다는 모범답안 같은 응답을 하는 경우도 있다. 예컨대 "투표에서 선택기준이 무엇이었느냐"고 물을 경우, 출신지역이라고 말하는 사람이 많지 않다. 인물이나 정책이 가장 중요한 판단기준이라고 응답한다. 신문 등에서는 전문가들의 의견을 빌려 이러한 조사 결과를 대대적으로 보도한다. 그러나 이 조사 결과가 유권자의 여론조사 태도에 대한 자료는 되지만, 그대로 실제의 투표 선택기준에 대한 자료가 될 수는 없다. 일반 국민은 물론 대부분의 관련 전문가들도 우리나라 투표에서 가장 중요한 선택 변수가 지역이라고 말한다. 지역과 중첩된 정당이 민주화 이후 한국의 투표 선택에서 결정적인 역할을 해왔다. 그럼에도 여론조사 결과를 토대로 가장 중요한 선택기준이 인물과 정책이었다고 해석하고, 다른 곳에서는 또 지역 요인의 문제점을 지적하는 엉터리 전문가들이 꽤 자주 보인다.

여론조사가 사실을 그대로 나타낸다고 할지라도, 해석을 달리할 수 있다. 정반대로 하는 경우도 있을 수 있다. 물이 반쯤 찬 컵을 두고, 물이 반밖에 안 남았다고 보는 사람도 있고, 반이나 남았다고 보는 사람도 있다는 예를 우리는 익히 알고 있다. 대통령에 대한 지지도가 55%인 경우, 높다고 해야 할까, 그저 그렇다고 해야 할까, 낮다고 해야 할까? 물론 상황에 대해 고려하고, 유사한 경우들을 비교해서 보아야 할 것이다. 그래도 어느 측면을 강조하느냐에 따라 해석이 달라진다. "국민 45%가 대통령 불신"이라고 할 수 있고, "대통령에 대한 지지 절반 넘어"라고 할 수 있다. 언론사나 발표자의 의도에 따라 해석이 달라질 수도 있다. 때로 상황 인식을 잘못 해석하는 경우도 있을 것이다.

2003년 10월 10일 노 대통령의 재신임 발언에 대한 여론조사 결과를 두고 "대통령 재신임 60% 이상"이라는 주장은 청와대와 여당이 강조했던 내용이었다. 대통령에 대한 신임이 높다는 것이었다. 그러나 임기제 대통령을, 더구나 임기 개시 8개월밖에 안 된 대통령을 국민의 40% 정도가 "재신임하지 않겠다" 다시 말해 "그만두라"는 사실이 더

충격적이지 않은가. 청와대와 집권세력이 노 대통령에 대한 국민의 신임이 높다는 것을 내세우려는 전략적인 해석일 수도 있다. 그러나 적어도 상황 인식에 있어서는 60%의 재신임보다는 40%의 불신임에 더 주목해야 했다.

특정 정당이나 정파의 선택에 대해 국민 일반의 여론조사를 하는 경우가 많다. 이럴 경우 그 정당을 지지하는 사람들의 의견과 다른 정당을 지지하는 사람들의 의견을 구분해서 평가해야 한다. 물론 국민 일반의 응답에서 절대다수가 지지한다면 이런 구분까지 할 필요가 없다. 그러나 특정 정파의 정치적 선택에 대해서 50% 이상의 지지가 나오기가 쉽지 않다(한때 한나라당의 이명박 전 서울시장에 대해 대선 후보로서 지지율이 50%를 넘은 적도 있으나 이는 아주 특이하거나 비정상적인 것이었다). 정파적인 문제에 대해 국민의 40% 정도만 지지해도 아주 높은 지지로 해석할 수 있는 경우도 있다. 여러 명의 후보자를 놓고 선호도를 물어보는 경우에는 훨씬 더 낮은 수치일지라도 상대적인 순위에 따라 판단할 수도 있다. 절대 지지율과 상대적인 지지율을 모두 고려해야 한다.

정파적인 선택에 있어서는 당연히 정파 내부의 지지가 중요한 판단 자료일 것이다. 그렇다면 대통령은 정파적인 지도자인가? 대통령은 정당과 정파로부터 배출되지만 국가와 국민 전체를 대표한다. 대통령이 정파적인 지도자가 된다면 국가를 통합하고 안정적으로 이끌어갈 수 없다. 노무현 대통령의 경우, '국민이 대통령'이라는 선언까지 했지만 정파적인 지도자가 돼버리면서 지지가 추락했다. 정파적인 지도자가 되면 국민 다수로부터 지지를 얻기가 쉽지 않은 것이 당연하다. 노 대통령은 국민 일반으로부터 불신을 받다가 결국에는 정파적인 지지기반마저도 더욱 축소시켰다.

2007년 4·25 재보선에서 49.7%의 지지로 당선된 김홍업 의원의 투표 결과는 어떻게 해석해야 할까. 물론 당락으로 판가름나는 일반 선거라면 당연히 성공이다. 1%만 이겨 당선돼도 성공이다. 그러나 김홍업의 출마와 선거결과는 그 이상의 의미를 가졌다. 무소속으로 출마하려던 김홍업을 민주당은 전략공천으로 영입했고, 열린우리당, 통합신당모임 등은 후보를 내지 않고 지원 유세에 참여했다. 여든이 넘은 어머니 이희호 여사까지 현장에 나서 지지를 호소했다. 그러나 그동안 민주당과 김대중을 지지해온 인사들 중에서 부당한 공천이라며 성명서를 발표하는 등 논란이 컸다. 절반에 가까운 지지로 당선돼 성공했다고 해야 할까? 아버지인 김대중 전 대통령의 후광으로 출마한 그가 김대통령의 고향에서 총력 지원을 받으면서도 전체 유권자의 25%(투표율 54.4% 감안) 지지를 받은 것은 사실상의 거부로 보아야 할까?

대연정 논란,
한나라당이 아니라 국민에게 권력을 돌려주라

대통령이 권력을 이양하겠다고 한다. 권력이양은 가능하다. 원래 권력의 주인이었던 국민에게 돌려주면 된다. 사퇴하면 된다. 그러나 그것도 아닌 것 같다. 2003년 '대통령 못해먹겠다'에서 시작된 무책임하고 비상식적인 대통령의 언행은 차도가 없다.

야당에 주도권을 주는 대연정을 두고 발상의 대전환이라고 한다. 그러나 앞뒤가 맞지 않는 주장이고, 현실 인식도 잘못되었고, 훈계할 만한 입장도 아닌데 계속 국민과 정치인들에게 훈계하고 있다. 지긋지긋하다는 사람들의 말에 공감한다. 발상의 전환을 말하는 노 대통령 자신의 대전환이 필요하다. 교과서에도 없고, 경험에도 없고, 상식에도 맞지 않는 희한한 주장을 할 것이 아니라, 상식으로 돌아오면 된다. 왕조시대도 아니고 권력이양은 야당이 아니라 원래 주인인 국민에게 돌려주는 것이 상식이다.

대통령은 여소야대 때문에 국정운영이 어렵고 이를 극복하기 위해

* 2005년 7월 28일, 인터넷 신문 ≪대자보≫

대연정이 필요하다고 공개편지에서 말하고 있다. 그러나 연정을 하겠다는 태도로 국정을 운영하면 여소야대이든 여대야소이든 상관이 없다. 편가르기와 분열적 리더십이 되니까 여소야대가 문제가 된 것이다. 비현실적인 대연정론을 말할 것이 아니라, 굳이 연정이 필요하다면 한나라당이나 야당의 의견을 대폭 수용해 국정을 운영하면 된다.

무책임한 좌충우돌

하기야 대통령의 말은 어제 오늘 제각각 좌충우돌이다. 한나라당은 말할 것도 없고 자신을 당선시킨 민주당까지도 개혁대상이라며 성토하더니, 한나라당과 여당이 별 차이가 없다고 한다. 분열의 리더십과 코드정치를 개혁의 이름으로 포장하던 당사자가 2005년 들면서 화해의 정치, 포용의 정치를 설파하고 있다. 자신이 반성해야 할 일을 느닷없이 다른 사람들에게 훈계하고 있다.

현재의 국정위기가 지역주의와 정치제도 때문이라고 말하고 있다. 지역주의와 정치제도의 문제는 분명 있다. 그러나 오늘의 국정 난맥에 대한 가장 1차적인 책임은 노무현 대통령과 집권세력에 있다. 우선 해야 할 일은 국정운영의 실패에 대한 책임을 스스로 반성하는 것이다. 반성을 전제로 이를 개선하기 위한 각오와 프로그램을 국민 앞에 제시하면 된다.

그럼에도 개선할 수 있는 여지가 없다면 사퇴하는 것이 국가와 국민을 위해 바람직하다. 그러나 대통령과 정부 스스로 반성하는 대국민 발언을 별로 본 적이 없다. 대신에 환경 탓으로 돌리고 훈계한다. 지난 2년 동안은 언론과 야당에 책임을 돌리더니 최근에는 지역주의와 제도 탓으로 초점이 바뀐 것 같다. 대통령의 현실 인식 자체가 잘못되었다. 문제의 핵심은 대통령 자신에 있다.

제도개혁 무시하고 권력투쟁으로 보낸 2년

제도개편이 필요하다면 국민과 상대 정치세력들에게 설득력 있는 제도개편 방안을 제시하는 것이 우선이다. 준비가 부족하다면, 각 정파들과 합의해 제도개편을 위한 기구를 만들면 된다. 지난 이야기이지만, 많은 사람들이 정치개혁의 우선적인 과제는 제도개편이라고 역설했음에도 불구하고 이를 뒷전에 둔 채 신당창당과 권력투쟁으로 지난 2년 이상을 보냈다. 탄핵정국까지 만들면서 다수당으로 만들어달라고 하더니, 이제 연정이 필요하다고 한다. 탄핵정국의 광풍 덕으로 원내 과반수 정권을 만들더니 스스로 깎아먹고, 이제는 또 여소야대를 탓하고 있다.

우리의 정치를 제약하는 지역주의와 정치제도에 대한 주장도 설득력이 없다. 노무현 정부 출범은 한국 지역주의 구도에서 아주 발전적인 측면이었다. 말 그대로 영남 출신의 대통령에 호남 기반의 민주당이라는 복합지역적인 정권이 되었다. 노 대통령이 최근 말하는 사실상의 연정이었다. 상대세력으로서 지역구도에 안주했던 한나라당도 두 번의 대선에서 연거푸 실패하면서 이제는 지역구도에 안주하기가 어려운 상황이 되었다. 그러나 노무현 대통령은 이런 발전적인 기회를 활용하지 못했다.

특히 노무현 정부 주도세력의 탈호남 신당론은 지역주의 문제를 다시 정치 전면으로 불러일으켰다. 더구나 권력 프리미엄을 등에 업고 소수세력을 압박하는 방식의 정계재편은 정당하지도 않고 성공하기도 어렵다. 탄핵정국을 거치면서 성공하는 것처럼 보였던 열린우리당과 노무현 대통령이 이제 또 연합, 연정을 말하는 현실이 말해준다. 신당창당과 그 논리는 오히려 노무현 대통령의 리더십 위기를 초래하게 된 뿌리가 되고 있다.

훈계할 입장 아니다

해외 사례를 비교로 들면서 계몽하는 듯한 노 대통령의 주장은 아주 어설프거나 자의적인 것들이 많다. 국제사회에서 연정은 보편적인 것이라고 한다. 그러나 이런 보편적인 현상은 흔히 내각제(의회제) 체제에서 일어나고 있다. 따라서 연정이 필요한 상황이라면 연정이 가능한 체제로 제도개편을 해야 한다. 대통령이 말하는 책임총리제나 당정분리도 현 제도 아래에서는 제도적인 정합성이 없다. 책임총리제는 총리가 자율성을 가지고 행정부를 운영하고 국민이나 의회에 책임을 지는 것이다. 그러나 현 우리의 대통령제에서 총리는 궁극적으로 대통령에 책임진다. 대통령의 대리인일 뿐이다. 명실상부한 책임총리제가 되려면 제도적인 개편이 필요하고, 그렇게 제도화된다면 분권형 대통령제가 된다. 이를 위해서는 물론 개헌이 필요하다. 당정분리를 말하지만 이해찬, 정동영, 김근태, 천정배, 정동채 등 열린우리당의 핵심 지도부가 모두 행정부에 포진하고 있다. 외형상으로는 오히려 내각제 체제에 가깝다. 그러나 내각은 당에 책임지는 것이 아니라 대통령에 책임지는 체제이다. 노무현 정부의 국정운영 체제는 내각제도 당정분리 체제도 아니다. 이런 애매한 상황에서 여당 인사들의 내각 참여는 선거대비 경력관리 전략이라고까지 말해지고 있다.

해외 사례의 자의적 인용

여소야대는 한국만의 특유한 현상이라고 한다. 천만의 말씀이다. 우리와 유사한 대통령제를 가지고 민주적 안정을 달성한 나라가 별로 없을 뿐이다. 대통령제를 말하면서 민주적 안정을 달성한 나라가 미국 정도인데, 미국은 여소야대가 오히려 보편적이다. 근본적으로 여야 개념이 아주 약하다. 그런데 미국은 우리의 정치환경과 다르니까 비교대상이 아니라고 노 대통령은 말한다. 민주적 안정을 이루고 있는 대부분의 나머지 국가들은 의원내각제 체제이다. 내각제에서는 다수당이 집권하기 때문에 당연히 여소야대가 있을 수 없다. 여소야대 논란이 무의미하다. 다른 나라를 비교하는 듯하면서 여소야대의 문제를 지적하는 것은 근거가 없다. '여소야대', '여대야소'에 따른 문제가 아니라 대통령과 정당과의 관계, 대통령과 국회와의 관계가 제도적인 차원에서 근본적인 재정리가 필요한 상황이다.

대통령제에서 나타난 현상과 내각제에서 나타난 현상을 아주 자의적으로 혼용해 원용하는 사례는 우리나라의 정치평론에서 자주 나타난다. 때로는 정치제도의 이론적 기반으로 채택되기도 한다. 지난 17대 총선에서 도입된 정당명부비례대표제도 그렇다. 정당명부제의 취지는 의원내각제 체제에서 적합하다. 정당이 책임지고 정치하는 체제이기 때문에 정당을 보고 투표를 하는 것이다. 우리나라가 도입과정에서 참고했던 독일이나 일본 모두 내각제 체제의 나라이다. 물론 남미의 여러 대통령제 국가들에서도 정당명부제를 채택하고 있다. 그러나 이들 나라 자체가 민주적 안정을 달성하는 모범사례가 아니다. 남미국가들에서는 정당명부제가 오히려 과거 우리나라의 전국구 제도처럼 계파정치, 정실정치의 자원으로 이용되고 있다.

결국 민주화 시대에 부합하는 제도적인 정합성을 확보하고 분열사회의 갈등을 포용하기 위해서는 제도개편이 필요하다. 제도개혁의 핵심은 정부 권력구조의 개편이다. 다만 현재 국정운영의 어려움을 극복해나가기 위해서 당장 필요한 것은 연정이 아니라 집권세력의 반성과 변화이다. 만일 대통령 권력을 이양해 야당에게 주도권을 주는 형식의 연정이 필요할 정도의 위기상황이라면, 권력을 국민에게 돌려주어야 한다. 정말 권력을 넘겨주겠다는 마음으로 제도개혁에 헌신하겠다면 제도개편 이후 대통령직 사퇴를 전제로 한 제도개편 협상에 임하면 될 일이다.

개헌, 서두르기보다 진지한 공론화 작업이 필요하다

노무현 대통령의 개헌 제안에 따른 논란이 당분간은 정국의 초점이 될 수밖에 없어 보인다. 지난해 2월까지만 해도 노 대통령은 "되지도 않을 일 갖고 평지풍파를 일으킬 생각이 없다"는 입장이었다. 그런데 1년 전과 상황이 다르다고 판단한 것인지, 아니면 평지풍파를 일으키는 것이 오히려 필요하다고 생각하는지 모르겠다.

이른바 개헌정국의 파장은 개헌안 발의를 하겠다는 노 대통령의 후속 행보와 정치세력들의 대응에 따라 다를 것이다. 대선정국을 좌우하는 최종 변수가 될 수도 있고, 2005년의 대연정 제안 때처럼 메아리 없는 해프닝이 될 수도 있다. 그러나 노 대통령의 임기말 상황이나 스타일을 감안할 때 노 대통령이 개헌 카드를 그냥 포기할 것 같지는 않다.

열린우리당은 대체로 노 대통령의 주장을 뒷받침하고 있지만, 한나라당은 개헌 논란이 제기되는 것 자체를 우려하며 노 대통령의 제안

* 2007년 1월 10일, CBS 뉴스해설

을 아예 외면하고 있다. 대통령 제안에 긍정적인 평가를 하며 가장 내용 없는 반응을 보였던 민주당은 오후 늦게서야 정치전략 게임이라는 평가를 내놓았다. 대부분의 전문가들은 개헌이 현실화되기 어려울 걸로 보고 있다. 그래서 노 대통령의 개헌 추진을 두고 개헌 자체를 달성하지 못하더라도 다른 부분에서 어떤 성과를 거둘 수 있다고 보는 정치 전략으로 해석하는 사람들이 많다.

대통령 담화 직후 여론조사들을 보면 개헌의 필요성에 대해서는 다수가 공감하고 있다. 그러나 당장 추진하는 것에 대해서는 동의하는 쪽이 많지 않다. 이런 개헌 문제는 당연히 국민의 동의에 토대를 두어야 하지만, 또 다른 전문적인 영역이기도 하다. 그래서 국민적 합의를 도출하기 위해서는 많은 공론화 과정이 필요하다.

1987년 6월항쟁 시기와 민주화 이후 20년이 지난 오늘의 정치적 요구 상황이 다르다는 노 대통령의 주장에 반대할 사람은 거의 없을 것이다. 그런 만큼 시대적인 요구에 부합하는 체제로 바꾸는 데 개헌도 필요하다. 사실 진작 개헌이 이루어졌어야 했다. 패러다임의 변화는 게임의 규칙인 제도의 개편을 수반해야 하는데, 사실 민주화 이후 그에 부합하는 제도의 개편이 거의 이루어지지 못했다. 21세기 새로운 정치 패러다임을 말하면서 제도적인 기반은 '87년 체제' 그대로인 셈이다. 어떤 면에서 노무현 정부는 제도적 기반과 주도세력 모두가 '87년 체제'였는지 모른다.

어쨌든 개헌을 포함한 우리의 제도개편은 빠를수록 좋다. 그렇다고 이미 차기 대선 국면에 접어든 시점에서 그것도 10% 지지의 임기말 대통령이 현실화되기 어려운 개헌 발의를 해야만 하는지 모르겠다. 대통령은 즉흥적인 제안이 아니고 오랜 준비를 해왔다고 한다. 정치권이 주체가 되어 추진하기를 기다렸으나, 정치권은 반응이 없고 더 이상 지체할 수 없는 상황이 되어서 자신이 개헌 발의를 주도하겠다는 담화를 발표하게 되었다는 것이다. 참모들은 후보시절부터 개헌을 주장하고 일정도 밝혀왔다고 자료를 제시하고 있다.

그러나 알다시피 후보시절 노 대통령은 개헌에 소극적이었다. 기록으로 남아 있는 노 대통령의 후보시절 개헌 관련 입장은 민주당의 정책을 기계적으로 반영하거나 당시 단일화 협상의 대상이었던 정몽준 후보의 요구를 불가피하게 수용한 것이었다. 또 당시 개헌의 방향은 대통령 연임제보다 분권형 대통령제에 초점을 두었다. 2006년 공론화, 2007년 이전 개헌 추진도 정몽준 후보가 제안한 개헌 추진 시기를 최대한 뒤로 늦춰 소극적으로 수용한 것이었다. 국정운영을 사실상의 책임총리제로 운영하면서 개헌이 불필요하다는 것을 보여주겠다는 의도도 있었다. 그래서 개헌 약속 시기를 늦춘 것이었다. 그나마도 정몽준의 지지철회로 휴지처럼 간주되었다. 따라서 노 대통령의 후보시절 개헌 관련 발언을 이번 개헌 시도의 역사적 근거로 삼는 것은 너무 속보이는 일이다.

개헌 추진 시기나 전략만이 아니라 개헌의 방향도 논란의 여지가 있다. 시대적인 요구를 수용해 개헌을 한다면, 대통령 4년 연임제가 그 시대적인 요구를 수렴한다고 하기엔 뭔가 적절치 않다. 노 대통령은 임기 4년 연임제로의 개헌이 본격적인 개헌을 위한 초보 단계의 개헌인 것처럼 말하면서, 동시에 그것이 시대적인 개혁과제를 해결하는 것처럼 애매한 입장을 보이고 있다. 최근 우리 정치체제와 국가운영의 문제가 대통령 단임제에서 비롯된 것이라 주장하고 있다. 그러나 대통령 단임제에서 파생되는 문제는 있지만, 최근 국정운영과 정치체제의 주요 문제가 여기에 있다고는 보기 힘들다. 선거와 관련된 국정 불안 문제도 선거가 많아서라기보다 모든 선거에 대권경쟁이 개입하게 되는 우리 정치구조에 더 큰 문제가 있다는 점도 공지의 사실이다.

이처럼 노 대통령의 담화내용이나 청와대에서 제공한 후속 자료에는 논쟁의 여지가 큰 내용들이 개헌 전략의 근거로 제시되고 있다. 대통령 임기와 국회의원 임기를 똑같이 하면 마치 선거가 줄어드는 것처럼 오해하는 사람들도 있다. 그러나 내각제로 개편하지 않는 한 어차피 두 선거는 따로 치르게 되어 있다. 두 선거 시기가 가까운 것이 좋은지 아니면 중간쯤에 국회의원 선거가 있는 것이 좋은지 따져볼 문제이다. 그런 면에서 개헌 방향에 이미 국민적 합의가 되어 있다고 주장하지만, 사실상 공적으로는 이제 처음 제기된 것이다. 다만 대통령 4년 연임제가 현 체제와 유사하고 익숙하기 때문에 여기에 동의하는 사람이 많을 뿐이다.

긴급한 개헌추진보다 시대적인 요구에 부합하는 우리의 새로운 체제와 제도개혁의 방향에 대해 함께 고민하는 공론화 과정이 우선 필요하다.

■ ■ ■

사실상 개헌 추진이 불가능했던 노 대통령은 정치권의 차기 정부 개헌에 대한 형식상의 약속과 함께 4월 개헌 추진을 유보했다. 그런데 개헌 추진 당시, 개헌에 대해 오랫동안 생각하고 충분한 검토를 거쳤다고 우겼던 노무현 대통령은 몇 달 후 7월 17일 제헌절 담화문에서 "차기 국회에서 개헌을 한다면 올해처럼 촉박한 시간 때문에 제한된 논의를 하지 않아도 될 것이다"라며 연초의 개헌 주장이 급하게 제기되었음을 실토했다. 그리고 개헌을 유보하면서 언급했던 내각제 개헌의 필요성을 제헌절 담화에서 다시 구체적으로 제기했다. 또 대통령제를 유지할 경우 결선투표제가 필요하다고 주장했다.

"내각제는 정당 책임정치를 구현하고, 여소야대의 정치구조를 근본적으로 해결하는 방안이고, 국민의 의사에 따라 정치질서가 유연하게 반응하고, 정부와 의회의 갈등을 최소화해 정치적 통합성을 확보하기가 용이하며, 또한 레임덕이 없으니 대통령제에서 주기적으로 겪는 국정의 공백도 최소화할 수 있을 것"이라고 했다. 또 "결선투표제는 국민 과반의 지지를 얻는 대통령을 선출해 국민적 대표성을 높일 수 있는 선진적인 제도이며, 정당 간에 다양한 연합을 촉진하기도 한다"고 했다.

뒤늦게도 다행이라고 할 수 있으나, 노 대통령은 항상 엉뚱한 주장이나 행동으로 우기다가 비판세력들이 오랫동안 주장해왔던 것을 뒤늦은 시점에 다른 사람을 계몽하듯이 내뱉는다. 참 특이하다(관련 내용 이 책의 「집권 3년차 되면서 깨달은 것인가?」 주석 참조).

제4장
분열의 정치와 정치의 위기

분열의 정치, 분열의 사회

한국 정치는 여전히 사회통합의 구심점이 되지 못하고 있다. 각 정치세력과 정당들도 이 점을 알고 있는지라 늘 말로는 상생의 정치, 생산적 정치를 강조하고 있다. 그러나 여전히 상대방 깎아내리기와 적대적 대립이 우리 정치를 지배하고 있다. 물론 상대에 대한 공격과 비판은 정치적 경쟁과 권력투쟁의 기본적인 방법이다. 또 상호 비판을 거치면서 서로 발전할 수 있다. 그러나 우리 정치의 최근 권력투쟁 양상을 보면 투쟁 과정이 국가 발전을 위한 경쟁으로 이어지지 못한 채, 정치권 내부의 정쟁만 지루하게 계속되고 있다. 우리 정치가 국민을 상대로 한 생산적 정치가 되기 위해서는 누구의 말처럼 아직도 '선혈이 낭자한 투쟁'을 해야만 하는지도 모른다.

그러나 분명 '민주화 이후 민주주의'의 과제는 서로 다른 개인과 집단들이 더불어 살아가는 민주적 공존 방식을 만들고 발전시켜나가는 것이다. 1987년 6월항쟁으로 대표되는 한국 정치의 민주화는 자유로

* 2003년 8월 28일, ≪경향신문≫

운 선거를 통해 대통령을 뽑고 정부를 구성하는 것이었다. 국민의 뜻에 따른 정부의 구성이라는 초보적 민주화는 어느 정도 달성되었다. 그러나 국민은 한 개인이거나 하나의 집단이 아니다. 의견과 이해관계를 달리하는 여러 개인과 집단으로 구성되어 있다. 견해와 이해관계를 달리하는 다양한 구성원들을 조정하고 통합하는 원리로서 민주주의에 대한 재인식이 필요한 상황이다.

우리나라에서는 세계에서 보기 드물게 민족국가가 강조되고 있다. 하지만 역설적으로 민족 구성원 내부의 통합질서에 대해서는 별로 주목하지 않았다. 민족국가 내부의 통합 원리에 따라 민족국가의 구체적인 모습은 달라진다. 우리 국민들은 단일한 실체가 아니다. 우리 현실에서 보듯이 지역·세대·계층에 따라 정치적 의견이 다르고, 많이 가진 자와 못 가진 자가 있다. 국가보안법 폐지를 주장하는 세력도 있고, 인공기를 불태우는 세력도 있다. 국가권력을 이용해 특혜를 누리는 사람도 있고, 국가의 이름으로 억압받는 사람도 있다. 그동안 권위주의 체제에서는 국가권력에 의해 일방적으로 통제되고 동원되면서 국민통합이 유지되었다. 그러나 민주화와 함께 기존 권위주의적 동원체제는 약화되었다. 새로운 민주적 통합질서가 요구되는 상황이다. 그런데 정치가 사회통합 기능은 고사하고 스스로 분열과 대립을 부채질하고 있다.

정치권뿐 아니라 시민사회도 권위주의 유산을 대체하는 새로운 질서를 찾지 못한 채 과도기적 혼돈을 겪고 있다. 모두 적나라한 힘의 관계가 지배하고 있다. 정치·사회, 심지어 교육까지도 승리지상주의가 판치고 있다. 시장경제와 민주주의는 자본의 힘이 지배하는 질서와 중재 없는 이익투쟁으로 나타나고 있다. 정치권력과 자본이 잘못 결합해 정경유착이나 부정부패가 생기기도 한다.

우리나라는 정이 많은 나라라고 한다. 그러나 자기 자식들에게는 끔찍한 정을 베풀지만, 주위의 어려운 자들에 대한 온정은 다른 나라에 비해 얼마나 강한지 의문이다. 사회통합의 한 기능을 담당하는 종교도 크게 다르지 않다. 근대화와 함께 성장한 기독교는 이곳저곳에서 교회의 첨탑을 올리고 있지만, 사회통합에 얼마나 기여하는지 반문하지 않을 수 없다. 우리 내부에 바람직한 공존질서를 구축하지 못한 상황에서 남북한 공존질서가 쉽게 떠오를 리 만무하다.

한국 사회는 활력이 넘친다고 외국 사람들이 부러워한다. 그 활력을 사회발전과 공존의 에너지로 이끌어야 한다. 남에게 책임을 돌리기 전에 우리 스스로를 돌아볼 필요가 있다. 정치개혁을 주장하며 상대방을 청산의 대상으로 생각하는 사람 자신이 개혁의 대상은 아닌지 생각해보아야 한다. "대통령을 잘못 뽑았다"고 하지만, 그런 막말을 하는 야당 대표는 정치인 자격을 얼마나 갖추었는지 모르겠다.

대다수 국민들이 정치권을 비난한다. 그러나 돈이 없으면 선거를 치르기 어렵다는 정치인들의 토로를 보면 오늘의 한국 정치 현실에 대한 책임의 상당 부분이 국민 자신에 있음을 말하는 것에 다름 아니다. 상대를 악으로 간주하는 데서 자신의 입지를 마련하는 부정의 정치를 넘어야 한다. 적나라한 힘의 질서가 지배하는 과도기의 혼돈을 극복하는 새로운 민주적 통합질서를 모색해야 한다. 이것이 민주화 이후 한국 민주주의의 기본 방향이다.

국민통합의 구심점 없는 정치권

보수세력들의 대규모 집회가 4일 시청앞 광장과 주변에서 대규모로 열렸다. 10만 명이 모였다고도 하고 20만 명이 모였다고도 한다. 국가 보안법 폐지를 반대하고 노무현 정권을 규탄하는 매우 강경한 구호가 뒤덮였던 집회였다

어느 보수논객은 이날 집회를 두고 4·19를 연상시키는 국민저항이 시작된 것이라는 과장된 의미를 부여하기도 한다. 반면에 비판하는 세력들은 시대착오적인 수구세력들의 마지막 몸부림으로 평가한다.

보수를 자임하는 이들 세력의 주장에 국민들이 공감하는 것 같지는 않다. 국민의 80% 가량은 보안법이 개정되어야 한다는 의견에 동조하는 것으로 조사되고 있다. 그렇다고 보안법 폐지를 주도하는 대통령과 열린우리당의 주장에 국민 다수가 동의하는 것은 아니다. 어느 쪽도 국민 다수의 공감을 이끌어내지 못하고 양분된 싸움을 하고 있다.

금년 전반기만 하더라도 여야 주요 세력들이 국가보안법을 전향적

* 2004년 10월 6일, CBS 뉴스해설

으로 개선하자는 의견에 상당히 일치하는 듯 보였다. 이를 두고 일부 언론에서는 우리의 정치지형 전반이 시대의 변화에 맞게 바뀌고 있다는 긍정적인 평가를 하기도 했다. 그러나 노무현 대통령의 국보법 폐지 발언과 과거사 규명 논란을 계기로 집권세력과 야당은 서로 극단화되었다. 그러면서 여야 상호 공론의 장은 사라졌다.

지난달 중순 한나라당 박근혜 대표가 보안법의 개정과 명칭 변경에 대해 긍정적인 검토를 시사하면서 여야가 접점을 찾을 수도 있다는 기대를 갖기도 했다. 그러나 한나라당 내부 강경파의 반발로 박 대표의 주장은 하루 만에 없던 일이 되고 말았다.

현재 우리의 정치권은 합리적이고 중도적인 세력의 입지가 매우 약한 상태이다. 상대방을 적으로 간주하는 세력싸움만 있지 합의를 이끌어내는 공론의 장은 거의 없다. 물론 정치는 갈등과 투쟁의 마당이다. 또 정치를 하다 보면 편싸움이 되는 것이 다반사이다.

그러나 갈등을 조정하고 통합하는 기능을 하지 못하는 정치는 제 기능을 할 수 없다. 최근 우리의 정치권은 국민적 갈등요인들을 조정하고 통합하기보다 오히려 증폭시키는 기능만 하는 것 같다. 개혁정권 시기의 불가피한 현상이라고 말하는 사람도 있다. 그러나 개혁과정의 과도기적 혼돈이라고 하기엔 정치권, 특히 집권세력의 현실 인식과 국정운영 방식에 문제가 많다.

서로 이해하고 설득하는 정치가 필요하다. 이것이 바로 노 대통령 스스로 집권 초기 강조했던 토론문화, 토론정치이다.

■ ■ ■ ■ 거울 보면서 성토하기

2004년 탄핵정국에서 탄핵 주도세력에 대한 비판 여론이 컸지만, 그렇다고 노무현 대통령에 대한 지지가 높은 것도 아니었다. 탄핵 직후 대통령의 국정수행에 대한 지지도가 잠깐 50%대에 이른 적도 있었으나, 이내 탄핵 이전 수준인 30%대로 내려갔다(자세한 내용은 김만흠, 『민주화 이후의 한국 정치와 노무현 정권』(한울, 2006), 90~94쪽 참조). 17대 총선에서 과반수를 차지했던 여당(열린우리당)에 대한 지지는 17대 국회 개시와 더불어 하락하기 시작했다. 민주당이 군소화된 상황에서 열린우리당의 추락은 곧 민주화 진영 전반이 몰락하는 상황으로 나타났다.

이 글을 쓴 2004년 10월경에 이미 열린우리당은 지지율에서 한나라당에 밀렸다. 민주화 세력, 나아가 진보세력 전반에 대한 실망과 비판 분위기도 더 커졌다. 그러나 국민의 다수가 우익 세력의 궐기대회에 동조하지는 않았다. 이런 가운데서도 집권세력에 대한 실망은 집권 말기까지 계속되었다. 실망은 한나라당에 대한 반사적 지지로 이어질 수밖에 없었다. 2007년 초 한때 한나라당에 대한 지지가 50%를 넘기도 했고, 한나라당 소속 대권 예비후보 두 사람(박근혜, 이명박)에 대한 지지가 70%에 이르기도 했다. 그렇지만 2007년 중반에 접어들면서 한나라당에 대한 지지 역시 불안정한 반사적 지지라는 점을 보여주면서 조금씩 흔들리는 양상을 보이고 있다(이 책의 「독주하는 한나라당의 불안」 참조).

집권 3년차 되면서 깨달은 것인가?

"민주주의의 핵심은 대화와 타협 그리고 화해와 포용이다." 노 대통령이 2일 국가조찬기도회에서 한 말이다. 또한 우리 사회의 갈등이 많다며 국민통합을 강조하기도 했다. 이런 내용은 사실 많은 사람들이 지난 2년 동안 노 대통령과 집권세력에게 자주 주문해온 내용이었다. 그러나 집권세력은 '지금은 시민혁명 중'이라거나 '처절한 투쟁' 등을 말하면서 반대세력을 개혁대상으로 몰아붙이고 비난했었다.

그런데 최근에는 노무현 대통령 자신이 타협, 대화 등을 비교적 자주 거론하고 있다. '전쟁'이라는 용어까지 썼던 언론과의 관계도 '건강한 긴장'과 '협력' 관계를 말하고 있다. 집권 3년차에 접어들면서 깨달은 것인지, 상황에 따른 지배전략의 변화인지 모르겠다. 청와대 대변인은 애초부터 대화와 타협이 참여정부의 일관된 국정운영 원리였다고 말하고 있다.

그러나 지난 2년 동안 노무현 정부는 포용과 통합보다 갈등과 분열

* 2005년 3월 4일, ≪광주일보≫

의 리더십을 보여주었다. 특히 국가의 갈등을 관리하고 국민을 통합해야 하는 대통령이 오히려 갈등의 진원지가 되는 경우가 많았다. 대통령 재신임 논란에서 탄핵정국에 이르는 과정이 단적으로 말해준다.

대화와 타협, 화해와 포용은 참여정부 이전인 국민의 정부에서 특히 강조되었던 개념이다. 남북관계에서는 포용정책인 햇볕정책을 내걸었고, 국내 정치에서는 반대세력에 대한 화해와 용서를 강조했다. 또 지역통합을 위해 경상도 출신인 현재의 노 대통령이 호남 기반의 민주당 후보로 영입되기도 했다.

그런데 집권 이후 노 대통령과 주변세력은 우리 사회가 완전히 개혁되어야 한다는 주장을 하게 되었다. 물론 우리 사회는 많은 개혁과제를 안고 있다. 그렇지만 노무현 정부의 주도세력은 민주화와 김대중 정부를 거치면서 형성된 모든 토대까지도 뒤집고 새로이 해야 한다는 태도였다. 권력 주류세력은 노무현 대통령 주변의 '코드'들로 완전히 대체되었다. 국민경선의 민주정당이며 개혁적인 전국정당이라던 민주당을 개혁 대상으로 성토했다. 그리고 새로운 집권여당을 출범시켰다. 남북교류 관련 대북송금 문제를 특검까지 벌였고 결국 김대중 대통령을 제외한 당시의 핵심 관련 인사들이 구속 수감되었다.

참여정부 주도세력은 지난 2년 동안에 이미 많은 발전적인 변화가 있었고 앞으로 200~300개의 로드맵에 따른 성과가 더욱 가시화될 것이라고 말하고 있다. 그러나 적어도 정치현실에 대한 인식에서는 이제야 2년 전의 원점으로 돌아가는 수준이다.

열린우리당을 통해 지역주의 극복하겠다더니, 정당 전략만으로는 어렵고 선거제도 개편이 필요하다고 말하고 있다. 제도개혁이 중요하다는 주장을 뒷전에 두고 권력싸움으로 열린우리당을 창당하더니 이

제야 새로운 발견을 했다는 듯이 제도개편의 필요성을 말하고 있다. 탄핵정국에서 성공한 것처럼 보였던 열린우리당의 미래가 불확실하자, 개혁대상으로 내몰아쳤던 민주당과의 통합을 다시 제기하고 있다. 지난 2년의 학습효과에 따른 발전적인 변화보다는 상황에 따른 '그때그때'의 불가피한 정치전략으로 보는 사람도 있다.

타협과 포용의 정치를 위해서는 무엇보다 개혁 독점의 전체주의적 사고를 버려야 한다. 자신만 옳고 반대세력은 개혁대상이라는 독선적이고 전체주의적인 사고를 가진 사람들이 집권세력 내부에 여전히 많다. 자칭 자유주의자라는 집권당의 어느 논객도 사실은 이런 전체주의적 주장을 반복하고 있다. 전체주의적 사고는 참여정부가 가장 중요한 가치 기준이자 개혁방향으로 내세우는 분권 및 자율과도 부합할 수 없다. 분권과 자율은 전체주의와 대비되는 다양성을 토대로 공존을 모색하는 것이기 때문이다. 불필요했던 지난 2년의 학습과정이 다시 반복되지 않기를 바란다.

노무현 대통령의 발언이나 행보가 특이하다는 것은 새삼스러운 일이 아니다. 그중 하나가 자신에게 해야 할 말을 다른 사람을 향해 한다는 것이다. 마치 거울에 비친 자신을 보고 다른 사람인 것처럼 성토한다. 자신이 언제 그랬냐는 듯이 어제와는 무관하게 오늘의 주장을 펼친다. 물론 사람은 누구나 자신의 잘못은 잘 보지 못하거나 관대하고, 다른 사람의 잘못은 성토하는 경향이 있다. 어제와 오늘이 다른 것도 다반사이다. 그러나 노무현 대통령에 있어 그런 일들은 일반인들의 사적인 일과는 다른 중대한 사건들이었다. 탈당, 분당, 개혁, 대연정, 개헌 논란 등 노무현 정권의 정치역정을 대표하는 일들과 관련된 주요 정치적 사건들이었다.

예컨대 2003년 민주당으로부터 탈당했던 그가 2007년 손학규의 탈당을 두고 "자기가 후보가 되기 위해서 당을 쪼개고 만들고 탈당하고 입당하고 이런 일을 한다는 것은 민주주의 원칙을 근본에서 흔드는 것"이라고 국무회의 석상에서 비판했다. 민주당의 후보가 돼 집권했던 노무현 대통령은 집권하자 민주당으로부터 분당해 열린우리당을 창당한 그 자신에게 할 말이었다.

노 대통령은 2002년 3월 15일 광주방송 주최 TV 토론에서 "내가 대통령이 되면 영남 대통령도, 호남 대통령도 아닌 민주당의 대통령이 될 것"이라고 말했다. 그러나 집권 이후에는 그의 측근들을 중심으로 민주당을 호남당으로 몰아쳤고, 노무현 대통령 자신도 호남당을 벗어나기 위해서 열린우리당을 창당했다고 정리했다(2005년 9월 7일 한나라당 박근혜 대표와의 회담에서).

무엇보다 노무현 대통령의 리더십에서 가장 비판을 받았던 것이 분열의 정치, 일방적 정치였다. 그런 그가 국민을 향해, 정치권을 향해 타협의 정치, 포용의 정치를 역설했다. 자신의 문제와는 상관없는 것처럼 아무런 언급 없이 당신들의 문제라고 훈계하고 있는 것이다.

그는 국회의원의 수가 문제가 아니라면서 "차라리 소수파일 때 당당한 논리를 갖고 맞서서 문제를 풀어가는 게 좋다고 본다"고 했다(2003년 8월 19일 대구·경북 지역 언론과의 간담회에서). 그러나 2005년 대연정 제안 당시에는 여소야대가 아주 비정상적인 정치구조라며 대연정을 제안했다. 심지어 소수파의 당당함을 역설했던 그가 대연정 제안이 급작스럽게 나온 것이 아니고 후보시절부터 여소야대의 극복방안에 대해 고민해온 결과라고 엉뚱한 주장까지 덧붙였다.

　모순된 주장뿐 아니라 사실과 다른 주장도 그냥 '거침없이', 그래서 때로 진정성 있는 것처럼 제기된다. 최근의 예로 개헌 문제를 들 수 있다. 노 대통령은 2007년 초 개헌을 제기하면서 후보시절부터 개헌 문제를 생각했고, 일정도 제시했다고 주장했다. 그러나 후보시절 단일화 과정에서 어쩔 수 없이 개헌 문제를 소극적으로 수용했다. 개헌을 하지 않고도 운용의 묘를 살리면 된다고 개헌 약속을 확정하지 않으려고까지 했던 그이다.

　노 대통령이 말하는 2007년 개헌 일정도 사실은 정몽준 후보가 제안한 2005년, 2006년 주장을 어쩔 수 없이 형식적으로 받아들이면서 2007년이 된 것이다. 또 2007년 개헌을 위해서는 2006년에 이미 공론화가 이루어져야 했다. 그런데 2007년을 한 달여 남긴 2006년 말에야 청와대 비서진에게 개헌 관련 준비를 시켜 이를 토대로 개헌 제안을 발표했다. 그러면서도 원래의 구상과 약속대로 한 것이라고 말했다. 정몽준 후보와의 단일화 과정에서 거론됐던 개헌방향은 대통령제의 임기 문제가 아니라 분권형 대통령제, 즉 이원집정제로의 개편이었다. 더 나아가 운영의 묘를 살린다면 책임총리제를 할 수도 있고, 그러면 사실상의 분권형 대통령제가 되므로 굳이 개헌을 할 필요가 없다고 했다. 그랬던 그가 이렇게 사실과 다른 주장을 중대한 국면에서 한다.

　2007년 4월 29일의 「개헌 발의 유보와 관련하여 국민 여러분께 드리는 글」에 첨부한 국회연설문 내용에서 다시 노 대통령은 후보시절부터 개헌 주장을 해왔다는 점을 호소하듯이 말하고 있다. 정말 특이한 성격이고 리더십이다. 사고의 체계가 보통사람들과는 다른 것인지, 어려운 통치 환경에서 혼란에 빠진 것인지, 아니면 기만적인 리더십인지?

흑백대결보다 공존모델 모색해야

유력 학자 3인의 '한국 정치 위기 진단 논쟁'에 노무현 대통령까지 가세했다. 이른바 진보세력의 정권에 대한 비판이 부당하다고 반박하면서, 교조적이고 비현실적인 그들의 인식 기반이 달라져야 한다고 충고했다. 야당, 언론, 여당의 일부에 대한 성토에 이어 진보진영에 이르기까지 전방위적으로 훈계하고 있다.

노 대통령의 지적처럼 진보세력을 포함한 각계의 자기성찰은 필요하다. 그러나 누구보다 성찰이 필요한 당사자는 대통령과 정권 자신이다.

논쟁에 참여한 학자들은 모두 노 정권의 리더십 문제와 정책에 대한 불만을 제기하고 있다. 리더십 문제가 주로 정치적 실패에 초점을 두었다면, 복지정책이나 신자유주의 노선에 대한 불만은 진보프로젝트의 실패에 초점을 두고 있다. 어느 문제에 주목하느냐에 따라 정권에 대한 평가와 대선에 임하는 자세가 다를 수 있다.

---

* 2007년 2월 22일, ≪한겨레신문≫ 칼럼 보완

　손호철 교수는 평소 주장해왔던 대로 여야 대결을 넘어서는 진보프로젝트를 강조하고 있다. 물론 현실 정치쟁점과는 별도로 자신이 중시하는 진보프로젝트를 핵심 정치쟁점으로 의제화하려는 노력이자 운동이라 할 수 있다. 이런 관점에서 본다면 노무현 정권은 애초에 한계가 있을 수밖에 없다.

　실패로까지 규정하게 될 정도로 지지가 추락한 노 정권의 문제는 진보냐 보수냐 하는 정책 방향보다 리더십 자체에 대한 불신에서 비롯되었다. 같은 정책도 리더십에 대한 신뢰 여부에 따라 효과가 다르게 나타날 수 있다. 결국 리더십에 대한 불신과 정책적 불만이 악순환 과정을 거치면서 10%대까지 지지가 추락하게 된 것이다.

　무엇보다 대통령으로서 역할 혼돈과 분열적 리더십이 문제였다. 법률과 제도에 따른 국가통합의 구심점 역할을 제대로 하지 못했다. 국가지도자가 아닌 정파의 보스처럼 행동했고, 때로는 대통령이 아닌 제3의 토론자처럼 좌충우돌했다. 이런 좌충우돌의 행동을 탈권위주의라고 했지만, 권위의 실종이었다. 정당과 의회를 무시한 비제도적인 정치동원 방식이 정치적 실패 요인이었다는 최장집 교수의 진단은 이런 맥락에서도 유효하다. 정권 후반기에 제도개혁의 필요성을 강조했지만, 이미 지지기반이 축소되고 신뢰를 상실한 상태에서 호응을 받기는 어려웠다. 최근의 개헌 논란도 마찬가지이다.

　조희연 교수는 오히려 제도정치 바깥의 사회적 힘을 동원하는 '진보적 민중주의' 전략을 구사하지 못한 것을 정치적 실패의 요인으로 보고 있다. 그러나 민주화 이후 체제에서 집권세력이 주도하는 제도 밖의 정치적 동원 전략은 민주적 제도화의 방향이 아니다. 또한 민주화 진영과 같은 편에서 정권에 대해 저항했던 시민운동 세력의 입지가 민주화 정권에서는 달라질 수밖에 없다는 점도 염두에 두어야 한다. 정권에 대한 비판에서 입지를 마련했던 세력이 정권과 같은 편에서 활동할 때 정당성이 약화될 수밖에 없다. 반면에 노무현 정권에서는 노 정권에 비판적인 '신자유주의' 세력이 새롭게 부각될 수 있었다.

분당, 대연정, 개헌 등 노 대통령의 정치적 논란과 관련된 문제가 등장할 때마다 지역주의 문제가 등장했다. 최교수는 모든 문제를 지역주의로 환원시키고 있다고 노 대통령을 비판한다. 한국 정치에서 지역주의가 핵심 변수인 것은 분명하다. 문제는 노무현 대통령이 지역주의에 대한 잘못된 인식과 대처방안을 가지고 우겨왔다는 점에 있다.

정권의 위기는 새로운 정권이 수립되면서 해소될 수 있다. 정권의 역할에 대한 공과는 추후에 새로운 평가가 가능할지 모른다. 그러나 당장 노 정권을 거치면서 황폐화된 민주화 진영의 재편은 과제로 남는다. 노 정권에 대한 실망이 한나라당에게는 집권에 유리한 기회를 제공했다. 결국 노 정부의 실패는 한국 정치의 위기가 아니라 민주화 진영의 위기를 만든 것이다. 물론 민주화 진영의 위기에는 그들 자신의 책임도 크다.

황폐화된 민주화 진영에서는 중도개혁 세력, 평화 세력 등을 내걸고 재결집을 시도하고 있다. 구시대 패러다임의 부활을 시도하는 시대착오적인 몸부림이라기에는 다른 한쪽 진영의 힘이 너무 우월하다. 물론 한나라당의 집권을 저지하고 민주화 정권의 장기 집권을 도모하는 것이 민주화 이후 한국 정치의 당위적인 과제라고 단정할 수 없다. 시대적인 정치적 요구가 다를 뿐 아니라 정권과 지지세력의 정체성이 그대로 유지되는 것도 아니다.

노무현 정권의 경험은 우리에게 두 가지 과제를 동시에 제기하고 있다. 하나는 민주화 정권의 실패가 구지배세력의 복원으로 이어져서는 안 된다는 것이며, 다른 하나는 이제 민주화 운동기와 다른 정치 패러다임이 모색되어야 한다는 것이다. 혁명적인 흑백대결보다는 공존 모델로의 전환이 민주화 이후 한국 민주주의의 방향이다. 개헌 논란을 통해 제기되는 87년 체제의 극복을 위한 정치적 과제도 대통령의 임기나 연임 여부가 아니라, 승자독식의 흑백대결 구조의 극복에 초점을 두어야 한다.

'진보학자'들의 정치위기 논쟁

정치위기론은 노무현 정권과 여당의 신뢰가 완전히 추락한 가운데 17대 대선을 맞는 민주화 세력의 위기의식에서 비롯된 것이다. 물론 민주화 진영의 위기가 곧 한국의 정치 위기는 아니다. 다른 쪽에서는 정치 위기가 아니고 그들의 실패, 그들만의 위기라고 주장할 수 있다. 민주화 진영의 위기와 진보세력과의 관계에 대해서는 다양한 견해가 존재한다. 진보논쟁은 이런 견해의 차이와 대응전략의 차이를 두고 나타난 것이라 할 수 있다.

앞의 한겨레 칼럼은 최장집, 조희연, 손호철 교수 사이에 제기되었던 '진보논쟁'의 흐름 속에서 요구받은 글이었다. 칼럼 수준의 짧은 글에 기존의 논쟁을 끌어들여 논의하기가 어려웠지만, 원고를 쓰던 날 갑자기 노무현 대통령이 '진보학자'를 비판하는 글을 발표해 이를 포함하다 보니 논점이 더 흐려지고 말았다.

한국 사회에서 진보세력의 범주는 사람에 따라 조금씩 다르게 규정된다. 가장 폭넓게 보는 경우 민주화 운동 진영 전체를 그대로 진보진영이라 하기도 한다. 한나라당에서는 김대중 정권, 노무현 정권의 집권세력을 공격하면서 좌파정권으로 규정하기도 했다. 그러나 진보논쟁을 포함한 학술적 구분에서는 대체로 민주노동당 정도의 좌파적 경향을 진보세력으로 본다. 물론 그보다 더 좌파적 경향도 포함한다. 이렇게 본다면 현실적으로 한국 사회 진보진영은 다수 대중의 이념적 지형과는 좀 거리가 있다. 17대 총선의 정당투표에서 진보정당인 민주노동당이 얻었던 지지율이 13%나 되지만, 민노당이 제기하는 차별적인 쟁점들은 여전히 대중의 보편적인 의제는 되지 못하고 있다.

우리나라의 주류 대중매체들은 대체로 보수주의적, 또는 자유주의적 패러다임에 토대를 두고 있다. 따라서 진보적 패러다임의 글들은 이들 대중매체에서 별로 수용되지 않는다. 그런데 앞의 진보논쟁 당사자들은 모두 진보적 학자로 불리면서도 대중매체에서 활약하고 있다. 쟁점이든 기술방식이든 진보성과 대중성을 적절하게 결합시키고 있다고 할 수 있다. 물론 진보성과 대중성을 결합시키는 유형은 세 학자가 다르다.

최장집 교수의 경우, 상대적으로 진보적인 학자라 할 수 있으나, 연구의 주제나 접근 방법이 기본적으로 진보적 패러다임은 아니다. 적어도 90년대 후반 이후 그가 다루는 주제는 진보적 쟁점보다 의회정치나 리더십 등 일반 민주주의와 관련된 것들이다. 접근 방법 또한 자유주의적 패러다임이다. 그런 가운데서도 핵심 논제와 관련이 별로 없는 진보적인 개념들이 등장한다. 이것이 80년대의 최교수에 대한 이미지와 결합해 그를 진보적 학자로 부르는 배경이 되는 것 같다.

최근 진보논쟁을 불러일으켰던 노무현 정권에 대한 진단에서도 그랬다. 합법적 대의정치 기제를 무시한 국정운영 방식과 실패한 리더십이 비판 논지의 핵심이었는데, 마무리 부분에서 신자유주의 문제를 지적했다. 그의 패러다임이나 논지에 따르면, 노무현 정권의 실패 기준과 신자유주의는 다른 차원의 문제이다. 대중에 호응하는 글을 쓰는 가운데서도 진보적 패러다임을 상기시키려는 노력인지, 대중적 시장과 진보적 시장을 모두 겨냥하는 상품전략인지 모르겠다.

조희연 교수는 기본적으로 진보적 패러다임에 기초해 있다. 그런데 한국의 현 상황에서 진보적 실천은 보수냐 진보냐의 단순한 구도가 아니라 복합적인 차원에서 진단돼야 한다고 주장한다. 17대 대선을 앞둔 상황에서 대중 수준의 정치적 의제들이 진보적 쟁점보다는 중도자유주의적 전선을 둘러싼 문제라는 점을 받아들이고 있다. 그리고 이런 중도자유주의적 실천은 중장기적인 진보적 실천과 밀접하게 연결되어 있다고 보고 있다. 그래서 조 교수는 진보적 프로젝트를 표방하면서도 시민운동의 이론적·실천적 활동을 열성적이고 꾸준하게 해오고 있다. 복합적인 구조와 논리를 말하는 만큼, 때로는 그의 논지가 매우 추상적이고 어렵다는 평가를 받기도 한다.

손호철 교수는 학술적으론 조교수보다도 더 좌파적인 진보 패러다임을 보이고 있다. 역사적 국면마다 조금씩 달랐지만, 민주화 이후 대체로 보수진영 내부의 실천에 별 의미를 두지 않는 쪽이었다. 17대 대선을 앞두고 제기된 최근의 논쟁에서도 조희연 교수와 다르게 중도자유주의 세력의 승리가 진보적 실천에 별 도움이 되지 않는다며 근본주의적(radical) 주장을 하고 있다. 한나라당이 집권하나 중도통합세력이 집권하나 별 차별성이 없다는 것이다. 반(反)신자유주의 실천이 되어야 한다는 것이다. 정치세력으로 보면 민주노동당의 성장과 승리를 도모해야 한다는 주장이다.

이런 진보적 패러다임의 학자이면서, 손교수는 한국일보, 문화일보 등 대중매체에 유력한 칼럼을 자주 쓴다. 물론 원래 그의 패러다임에 따른 글이라면 중도 또는 보수적 의제를 주로 다루는 대중매체에 자주 수용되기가 어렵다. 대신에 손교수는 정치상황에 대한 적절한 개념화나 비유를 통해 대중의 관심을 끄는 능력을 발휘한다. 과감한 용어로 정치인들의 행태 등을 비판하는 것도 그가 대중성을 확보할 수 있는 요소의 하나이다. 노무현 정권의 정치행태를 '전선의 정치'라고 개념화하거나, 손학규의 한나라당 탈당의 변을 비판하면서 그를 '손벽돌'이라고 한 것을 최근의 예로 들 수 있다.

노무현 정권에 대한 실망이 민주화 진영 전반의 위기의식으로 보편화된 것은 2006년의 5·31 지방선거였다. 그러나 이는 집권 초부터 드러난 분열과 좌충우돌의 리더십에 대한 불만이 누적된 결과이다. 특히 분당을 통한 열린우리당의 창당은 노무현 정권의 위기의 근원이었다. 민주화 정권의 새로운 여당이 된 열린우리당은 탄핵정국의 17대 총선에서 국회 의석의 과반수를 차지해 민주화 진영의 제도적 정치 기반을 더욱 강화한 듯이 보였다. 그러나 몇 달도 못 가 당에 대한 지지가 10%대로 추락했다. 각종 재보선에서 전패하던 열린우리당은 2006년의 5·31 지방선거에서는 탄핵 수준에 이르는 국민의 불신을 확인하게 되었다. 의원들의 탈당이 시작되고 당 해체가 논의되는 단계에까지 이르렀다.

정권의 중심인 대통령, 정당 모두에 대한 국민의 지지가 최악인 상태였다. 2007년 7월 현재까지 17대 대선 예비후보 지지율 1, 2위는 이명박 전 서울시장과 박근혜 전 한나라당 대표이다. 모두 한나라당 소속이다. 고건 전 총리가 정치일선 불참을 선언한 이후 아직까지 민주화 진영을 대표하는 어느 예비후보도 국민 지지율 10%를 넘지 못하고 있다.

민주화 진영의 위기는 대통령과 대통령 후보, 정당 등의 제도정치에만 한정된 것이 아니다. 시민사회 영역에 포진한 민주화 세력의 문제까지도 포함한 것이었다. 그러기에 시민사회 진영이 나서서 위기론을 제기한 것이다. 시민사회 민주화 진영도 그동안 민주화 정권에 가담해왔다. 따라서 민주화 정권의 위기는 민주화 진영 전반의 위기와 함께 나타날 수밖에 없었다. 386세력들의 활동이 자주 거론되고 탄핵정국을 거쳤던 노무현 정권에서 이런 경향이 두드러졌다. 특히 사실상 노무현 대통령 구하기가 되었던 탄핵반대운동은 노무현 정권의 추락과 함께 오히려 민주화 진영 전반에 대한 신뢰를 추락시키는 계기가 되었다.

탄핵반대운동과 군중 동원의 정치

일부에서는 탄핵반대운동을 한국 정치 민주화에 기여했던 사건으로 말하면서, 위기에 놓인 민주화 진영이 참고해야 할 역사적 경험으로 상기시킨다(조희연, "신보수, 진보세력에 좋은 조건인가?", ≪레디앙≫, 2007년 2월 5일). 조희연 교수는 탄핵 이후 노무현 정부의 실패가 노 대통령과 정권의 문제만이 아닌 구조적인 한계에서 비롯된 것이라고 말한다. 그러나 노 정권의 책임보다 구조적인 한계에 비중을 더 두는 사람은 많지 않다.

탄핵반대운동을 민주화 운동이라고 쉽게 단정할 수 없다. 제도정치의 한계를 극복한 시민주권의 실현으로 볼 것인가, 민주주의를 위태롭게 한 군중정치로 볼 것인가, 검토해볼 일이다.

그동안 민주화 진영에서는 주로 시민주권의 실현으로 해석하는 경향이었다. 나는 시민참여와 법치주의의 기반이 어느 정도 확보된 상태에서 이를 무력화시키는 포퓰리즘 또는 군중정치의 모습이 강했다고 본다. 1980년대의 민주화 운동 세력 진영이 주도했다고 해서 그 자체가 곧 민주화 운동이 될 수는 없다. 탄핵반대운동은 정권과 TV권력을 배경으로 민주화 진영 일부가 주도한 군중정치였다. 알다시피 군중정치의 전형적인 양상이 파시즘이다. 개인의 합리적 판단을 넘어서 군중 속에서 나타나는 집단적 광기현상, 이를 배경으로 한 정치적 동원이 바로 파시즘이었다.

이런 점에서 탄핵반대운동은 군중정치의 동원으로 일시적인 힘을 발휘했으나, 민주화 세력에게 명분과 실리 모두를 약화시키는 결과를 초래했다고 본다. 탄핵반대운동은 독재권력에 저항하는 희생과 열정을 배경으로 했던 과거의 민주화 운동과 달랐다. 정파적 권력투쟁으로서의 성격이 강했다.

민주화 운동 세력의 보편적 기반이 정파적 이해관계로 인식되는 전환점은 2000년의 총선연대 활동이었다. 민주화 세력의 정치적 힘이 절정에 이르면서 동시에 하락하기 시작했던 분기점이었다. 한국 시민운동의 성격이 보편적 공익 실현보다는 정파적 권력투쟁에 있다고 보는 경향이 커졌다. 2004년 17대 총선을 앞두고 시민운동 세력이 다시 2000년의 총선연대 방식의 운동을 시도했으나, 시민의 호응이 예전과 같을 수 없었다. 그러다가 탄핵국면이 생기자 이들이 탄핵반대운동 활동으로 집결했던 것이다.

군중정치의 동원에서는 대내외적인 적(敵)이 설정된다. 파시즘은 주로 대외적인 적을 상정한 민족주의적 동원에 초점을 두었다. 탄핵 반대운동의 대상은 탄핵세력·부패세력으로 규정한 국가 내부의 적이었다. 중국의 문화혁명에서도 그랬다. 이 때문에 탄핵정국을 전후해서 문화혁명의 홍위병을 빗댄 정권의 홍위병, 무슨 세력의 홍위병이라는 말이 자주 등장했다.

군중의 열광적 동원은 2002년 월드컵 응원에서 두드러졌다. 월드컵 응원은 상대팀을 향한 배타적 공격보다는 한국팀을 응원하는 긍정적인 열정으로 더 주목을 받았다. 국가 간의 경쟁이었지만 스포츠 경기였고, 더구나 격투기가 아닌 축구 경기가 갖는 특징 때문이었다. 그런 가운데서도 국가 간의 경쟁, 다른 국가에 대한 배제를 전제로 한 것이라는 점에 주목해 월드컵 응원을 파시즘적인 광기로 진단하는 사람들도 적지 않았다.

월드컵 응원의 군중은 미군 장갑차에 치여 사망한 두 여중생 추모와 미군 규탄 촛불시위의 군중으로 절묘하게 이어진다. 이 경험과 에너지가 다시 탄핵반대운동으로 이어지는 데 중요한 몫을 했다[세 사건에서 나타나는 군중 동원의 서로 다른 성격에 대해서는 김만흠, 『민주화 이후의 한국 정치와 노무현 정권』(한울, 2006), 71~87쪽 참조]. 탄핵반대운동은 TV 동원의 여론몰이와 비제도적인 시민(군중)참여, 그리고 탄핵세력이라는 적대세력의 설정 등 전형적으로 파시즘적인 정치동원 방식이었다. 군중 동원의 핵이었던 TV 매체의 여론몰이는 탄핵 당일 MBC 뉴스데스크에서 "헌법기관인 국회의원의 개별적인 판단이라고는 도저히 믿어지지 않는…… 비리로 점철된 16대 국회는 이제 대통령의 권한을 정지시켰다"는 엄기영 앵커의 뉴스 개시가 상징적으로 보여준다.

물론 군중의 성격은 다양하다. 카네티(Elias Canetti)의 분류처럼 '열린 군중'도 있고 '닫힌 군중'도 있으며, 집단으로 쾌락을 즐기는 군중, 목적을 향해 질주하는 군중, 혁명에 참여하는 역전의 군중 등 여러 기준과 유형으로 분류할 수 있다. 카네티의 대표작인 『군중과 권력』은 군중정치에 관한 대표적인 고전이라 할 수 있다. 인간의 광기에 관심을 기울였던 카네티는 나치를 피해 망명한 후 이에 대한 분석으로 시작한 연구를 토대로 1965년 『군중과 권력』을 발표했다. 카네티가 사회

심리적인 면에 주목했다면 콘하우저(William Kornhauser)의 『대중사회의 정치론(The Politics of Mass Society)』은 사회구조적인 면에 초점을 두고 있다는 점에서 참고할 만하다.

제5장
좌충우돌, 참여정부의 국정운영

정부의 국정운영이나 정책에 대해서 찬반 논란이 있기 마련이지만, 노 정부 집권 초기 논란은 반대세력이 아니라 주로 지지세력에 의해 제기되었다. 이라크 파병, 대북송금 특검, 대미외교 등이 집권 초기의 주요 논란거리였다. 처음에는 비판적인 지지 수준의 문제제기였지만, 점차 지지층 이반으로 이어졌다. 분당을 거치면서 지지층은 더욱 축소되었다. 그렇다고 새로운 지지층이 생긴 것도 아니었다. 취약해진 지기기반은 노 대통령의 특이한 리더십과 맞물려 악순환 과정을 거치면서 결국 노무현 정권의 지지기반을 붕괴 수준으로 황폐화시키는 출발점이 되었다.

노무현 정부가 출범한 지 한 달도 못된 시점에서 미국은 이라크전쟁을 개시했고 한국에 비전투병 파병을 요청했다. 미국의 침략전쟁에 동조하는 것을 반대한다는 주장에서부터 전쟁 자체를 반대하는 반전주의자에 이르기까지 '한국군 이라크파병'에 대한 반대 여론이 강하게 일었다. 시기에 따라 차이가 있었지만 여론조사에서 이라크파병 반대가 50% 내외에 이르렀다.

국가기관인 국가인권위원회도 파병반대를 우회적으로 권고하는 의견을 표명했다. 2003년 3월 26일 "국가인권위원회는 이라크 민간인의 무차별 희생을 강요하는 전쟁이 더 지속되는 것에 반대한다"며 "대한민국 정부와 국회는 반전·평화·인권의 원칙에 입각해 신중히 판단할 것을 권고한다"고 밝혔다.

김대중 정부 등 지난 민주화 정권에서도 사안에 따라 여당의 일부를 포함한 진보진영이 정부정책에 반대하는 경우가 흔히 있었다. 그러나 이런 비판이 지지계층 이반 논란으로 이어질 정도는 아니었다. 노무현 정권에서는 진보진영의 비판이 지지세력의 이반으로까지 이어지게 된 배경에는 이라크 파병처럼 사안이 갖는 특성도 있었을 것이다. 그러나 무엇보다 "평화냐 전쟁이냐"를 선거 캠페인으로 내걸고 미군 성토 분위기에 동조하는 듯했던 노무현 대통령에 대해 진보진영의 기대가 컸고, 그만큼 기대에 대한 실망도 컸기 때문이라고 할 수 있다.

이런 기대에 대한 실망은 대미관계에 대한 인식과 태도에서도 나타났다. 부분적으로 반미 분위기까지 편승하면서 당선되었던 노무현 대통령은 2003년 5월 미국을 방문해 지나칠 정도로 미국의 역할을 칭송했다. 코피 아난 유엔사무총장을 면담하면서 이라크 파병 문제를 UN 차원에서 협력해야 한다는 취지의 발언을 했다. 5월 12일 코리아 소사이어티 만찬에서는 "만약 53년 전 미국이 우리 한국을 도와주지 않았다면 저는 지금쯤 정치범 수용소에 있을지도 모른다는 생각을 하고 있다"고 했다. 불과 몇 개월 전 후보시절에 "반미면 어떠냐" "사진 찍으러 미국 가지는 않겠다"고 했던 그였다.

후보시절과 달리 대통령이 되어 직접 정책을 수행하는 상황에서는 노선과 행태가 현실적이고 실용적으로 바뀔 수밖에 없을 것이라는 점에서 이해가 되는 측면도 있다. 그런데 노무현 대통령의 경우 그 괴리가 너무 컸다. 국민이 느끼는 괴리뿐 아니라 노 대통령 자신이 느끼는 괴리도 컸을 것이다. 노 대통령은 후보시절 국정 환경에 대한 '현실적인' 이해가 매우 부족했다고 본다. 국제정세와 미국에 대한 인식도 그랬고, 국내의 국정운영 방식에 대해서도 마찬가지다. 그러다 국정의 최고 책임자가 되어 새로운 최고의 국가정보를 접하게 되고 국정상황을 현실적으로 보게 된 상황에서 정치적·정책적 행보가 달리 나타날 수밖에 없었다. 후보시절의 기대와 다른 이런 행보는 돌출 행동을 주저하지 않는 노 대통령의 특이한 성격과 맞물려 더욱 과격한 변신처럼 보였다.

지지세력 내부의 논란은 사실 대북송금특검 수용과정에서 먼저 나타났다. 노무현 대통령이 취임한 바로 다음 날인 2003년 2월 26일 국회 다수당을 차지하던 한나라당은 단독으로 대북송금특검법을 제안 통과시켰다. 2000년 6·15 정상회담을 전후해 정부에서 북한에 지원한 자금을 둘러싼 의혹을 특별검사가 수사토록 하는 근거법이었다. 햇볕정책을 적극 옹호해온 세력을 중심으로 여당에서는 이 특별법에 대해 노무현 대통령이 거부권을 행사해주길 바랐다. 노무현 정부는 김대중 정부를 계승하겠다는 선언 속에서 민주당 후보로 당선되었다. 또 김대중 정부를 상징하는 대표적인 정책이 대북 햇볕정책이었다. 그러나 노무현 대통령은, 여당 일부의 강력한 제안과 기대에도 불구하고 특별법을 수용해 공포했다. 햇볕정책을 적극 지지해온 세력들은 노 대통령을 강력하게 성토했다. 여론조사에서도 노 대통령을 지지했던 세력들의 다수는 노 대통령의 특검법 수용에 대해 비판적이었다. 오히려 야당을 지지했던 세력들이 절대적으로 환호했다.

이른바 '영남권 달래기'와 김대중 정부와의 차별화 시도가 노 대통령의 특검법 수용 배경으로 흔히 지적된다. 물론 노 대통령은 특검법 관련 담화나 기자회견에서 야당과의 신뢰와 타협의 정치, 투명성의 원칙 등을 수용 배경으로 말했다(2003년 3월 14일 담화 및 기자회견). 그러나 그는 야당과의 신뢰를 확보하지 못한 가운데, 더구나 분당 문제와 맞물려 지지세력의 반발과 이탈만 키웠다.

진보정당인 민주노동당이 원내로 진출하면서 노무현 정부가 샌드위치 신세가 된 측면도 있었다. 구시대 지배세력과 민주화 정권의 대립이라는 단순 구도가 아니라 한쪽에는 보수세력, 다른 한쪽에는 진보세력이 있는 3분 구도 속에 있었다. 물론 민주화가 진행되면서 이런 3분 구도가 이미 나타났다. 그러나 진보진영의 주장이 재야의 급진적 목소리로 간주되던 상황과 민노당이 원내에 진출해 진보진영의 주장이 제도 정치과정에 공식적으로 제기되는 상황은 달랐다. 3분 구도 속에서 중간에 위치한 민주화 정권은 양쪽으로부터 압박을 받는 샌드위치가 될 수도 있고, 양쪽을 모두 포용하는 중도통합의 중심이 되거나 양쪽 중 어느 한쪽으로 수렴할 수도 있다. 과연 어느 쪽이 가능하고 바람직할 것인가에 대해서 논란의 여지가 있다. 노무현 정권의 현실에서는 양쪽 모두로부터 비판받는 양상이 두드러졌다.

노무현 정부는 지지세력 내부에서 지지를 상실하고 진보세력의 비판을 받았지만, 역설적이게도 보수 야당 한나라당과 우익단체로부터는 좌파정권이라는 비난을 받았다. 그들이 좌파정권으로 규정한 가장 큰 요소는 북한에 대한 입장이었다. 북한에 호의적인 반면, 반공 세력의 역할에 대해서는 폄하하는 정권이라는 것이다. 집권세력 진영과 진보세력이 중심이 되어 제기했던 「국가보안법」 폐지는 친북 정권 논란의 중요한 배경이 되었다. 2000년의 6·15 남북정상회담과 이어진 남북 당국자의 교류와 태도에 대해서도 보수우익 세력의 불만이 컸다. 이 점에서 그들에게는 노무현 정권만 아니라 김대중 정권부터 시작된 두 정권 모두 좌파정권인 셈이다.

과거사 재정리 작업도 좌파정권 논란의 소재였다. 왜곡·은폐된 과거사를 재정리하는 작업은 주로 독재권력에 희생된 인사들을 복권시키고, 당시 권력 주도세력에 대해 비판적으로 재평가하는 작업이 될 수밖에 없었다. 과거 권력을 주도했던 우익 보수세력은 이런 평가 작업을 못마땅하게 생각했으며, 새로운 권력에 의한 부당한 조치로 성토하기도 했다.

부동산 관련 조세정책을 두고도 빨갱이 정권, 좌파정권이라는 불만과 성토가 쏟아졌다. 사유재산 축적과 활용을 과도하게 제한하는 것으로, 개인의 자유보다는 기계적 평등을 획일적으로 강제하는 빨갱이식 조치라는 것이었다. 기본적으로 자본주의 원리나 발전 동력을 무시한 미숙한 정책이라는 비판이 제기되기도 했다. 부동산 관련 조세 및 금융 정책은 하나의 정책이 효과를 보지 못하자 계속된 땜질식 보완조치로 대처해온 결과, 무리한 정책이 돼버린 측면도 있다.

정권 주도세력에 과거 운동권 출신인사들이 많이 포함된 것 자체가 좌파정권으로 규정하게 된 배경이었다. 운동권 출신들이 중심이 되어 친북 노선을 포함한 좌파적 정책을 지향하는 정권이라는 것이었다. 또 정책 방향 못지않게 국정운영 방식이나 행태에 나타난 급진성, 불안정성이 노 정권을 좌파정권으로 규정하는 데 한몫했을 것으로 생각된다.

과거사 재규명 논란

과거사 진상규명 특위 구성 논란은 지난 주 우리 정가의 가장 큰 쟁점 중 하나였다. 진상규명 특위 구성을 적극적으로 주장해온 열린우리당의 신기남 의장 부친의 친일 활동 경력이 드러나면서 큰 파장을 일으키기도 했다.

과거사 규명문제는 의문사위원회 재구성 문제와 친일진상규명법 개정을 둘러싸고 이미 논란이 되어왔다. 그러다가 노무현 대통령이 8·15 광복절 경축사에서 국회에 과거사를 규명하는 특위 구성을 제의하면서 정치권의 공방이 거세졌다.

정파와 입장에 따라 의견대립을 보이지만, 왜곡되고 은폐된 역사적 사실을 다시 규명하는 작업이 필요하다는 점은 어느 쪽도 부인하지 않는다. 그러나 진상규명의 구체적 내용이나 방법, 범위에 대해서는 아직 합의가 되지 않고 있다.

여당은 진상규명이 처벌을 하려는 것도 아니고, 처벌을 할 수도 없

* 2004년 8월 23일, CBS 뉴스해설

다고 하고 있다. 더구나 후손들에게 연좌제를 적용시키려는 것이 되어서는 안 된다고 한다. 다만 기록으로 남겨 역사적 사실을 바로잡고 교훈으로 삼고자 한다는 것이다.

진상규명이 이런 역사적 재정리 작업이라면 국회에서 특위를 통해 할 일은 아니라고 본다. 관련 학자나 객관적인 전문가를 중심으로 위원회를 구성해 규명작업을 수행토록 하고, 국회는 이 위원회의 활동근거를 마련하고 지원하는 법률을 만들면 된다.

지난 주말 열린우리당의 천정배 대표나 한나라당의 이한구 정책위 의장의 발언을 보면 대체로 이런 입장에 공감하고 있는 것 같다. 그러나 어느 하나의 구체적인 사안이 아니라, 19세기 말의 동학에서 이후 한국전쟁, 유신체제 등 한국 근현대의 문제들을 일거에 총체적으로 다시 규정하는 작업이 가능한지 모르겠다.

여야 모두 적어도 겉으로는 진상규명 논란이나 그 작업이 특정 정치세력의 정치전략으로 이용되어서는 안 된다고 말하고 있다. 당연히 정치전략으로 이용되어서는 안 될 것이다. 그러나 기본적으로 이 문제는 정치적일 수밖에 없다. 특위 설치 여부나 입법 방향을 둘러싸고 여야가 설전을 벌이는 현실이 이를 말해주고 있다. 지난 역사를 입법조치를 통해 재정리하는 작업은 고도로 정치적일 수밖에 없다. 또한 진상 조사에서도 당사자 또는 그 후손들이 현재 정치사회적으로 중요한 활동을 하는 경우 주목받을 수밖에 없다.

지난 역사에서 은폐되거나 왜곡된 사실들을 민족적·민주적·인권적 관점에서 규명하고 재정리하는 것은 필요하고 또 중요한 일이다. 다만 최근의 과거사 진상규명 제기가 과거의 역사를 모두 내 방식대로 해석하고 재배치하겠다는 위험한 발상에서 나온 것이 아니길 바란다.

■ ■ ■ ■ 4대 개혁입법

노무현 정부가 집권 초기 내건 이른바 '4대 개혁입법'은 국가보안법(개폐), 사립학교법(개정), 과거사기본법(제정), 언론관계법(개정)을 일컫는다. 이 중 과거사기본법(진실과 화해를 위한 과거사 정리 기본법)은 2005년 5월 3일 국회에서 통과되어, 이 법을 근거로 한 위원회가 가동 중이다. 사립학교법과 언론관계법은 개정이 이루어졌으나, 사립학교법은 원래의 개혁 취지를 포기하는 방향으로 다시 개정됐고, 언론관계법은 재개정이 추진되고 있다. 당초 개정되었던 사립학교법에 대해 사립학교 재단, 종교재단, 보수세력 등이 재단의 책임과 자율성을 과도하게 제약한다고 강하게 반발해온 가운데, 2007년 7월 3일 결국 여권 진영이 이들의 반발을 대부분 수용해 재개정했다. 이른바 개혁입법으로서 의미가 없어진 셈이다. 언론관계법은 개정된 신문법과 언론중재법의 일부에 대해 헌재가 위헌 결정을 해 재개정을 시도하고 있다.

집권 초 가장 먼저 시도됐던 국가보안법 개혁과 관련해서는 어떤 개폐작업도 이루어지지 못했다. 노무현 정부 초기 보안법을 개정하는 수준의 개혁에 대해서 여야가 대체로 공감하는 듯이 보였다. 그러다가 노무현 대통령이 보안법의 완전 폐지를 제기하면서 의견이 양극화되었다. 노 대통령은 2004년 8·15경축사에서 과거사 재정리를 강력히 제기한 데 이어, 9월 5일 <MBC 시사매거진 2580>과의 인터뷰에서는 "국가보안법은 한국의 부끄러운 역사의 일부분이고 지금은 쓸 수도 없는 독재시대의 낡은 유물이다. 낡은 유물은 폐기하고 칼집에 넣어 박물관으로 보내는 게 좋지 않겠느냐"라고 했다. 이후 여당에서는 개정이 아니라 폐지가 개혁방향이 되었고, 야당은 폐지론에 대한 강한 성토로 대응했다. 보수·반공단체들은 이를 계기로 노 정권을 친북 좌파정권으로 규탄하기 시작했다. 이런 대립 속에서 국가보안법은 손도 대지 못한 채 집권 말기를 맞고 있다. 진보세력들은 개혁입법의 미비를 노 정부의 개혁실패 사례로, 반면에 보수세력들은 개혁입법의 시도를 국론분열을 초래한 좌파정권의 근거로 성토해오고 있다.

국정원 7대 의혹 사건 조사:
진실규명과 화해의 계기 되어야

국정원의 '과거사건 진실규명을 통한 발전위원회'가 7건의 우선 조사 대상을 선정해 발표했다. 진실위원회는 우선 조사 대상 선정 이유에 대해 국정원이 직간접으로 관련된 사건 중 사회적으로 가장 의혹이 크고, 시민단체와 유가족의 지속적인 의혹제기가 있었기 때문이라고 밝혔다.

당분간 7대 의혹 사건에 대한 언론의 보도가 주목을 끌고 사회적 쟁점이 될 수밖에 없을 것이다. 정치적 입장이나 이해관계가 개입되어서는 안 된다고 하지만, 정치적 논란을 피해가기가 쉽지 않아 보인다.

당장 한나라당 박근혜 대표에게 파장을 미칠 사안들이 많다. 부일장학회 헌납 사건도 그렇고, 7개 사건 중 5개가 박정희 정권 시절의 문제들이다. 더구나 최근 공개된 한일협정 문건과 영화 <그때 그사람> 부분 삭제 논란과 맞물리면서 박정희 정권 시기에 대한 평가논란이 화두가 될 것 같다.

---

* 2005년 2월 5일, CBS 뉴스해설

이번 국정원의 진실규명위원회는 국정원 자체에서 민간을 참여시켜 운영하고 있다. 국가적인 차원의 과거사 관련법은 아직 국회에 계류 중이다. 그런 만큼 이번 국정원의 진실규명 문제가 국회의 입법과정에도 영향을 미칠 것으로 보인다.

박근혜 대표나 한나라당 대변인은 이번 국정원 진실규명위원회의 구성과 의도에 대해서 여전히 문제를 제기하고 있다. 과거사 규명 자체가 다시 과거사 규명의 대상이 될 것이라고 말하기도 한다. 그러나 정부가 조사하는 것은 받아들일 수밖에 없다면서 최종 파단은 결국 사법부에 맡겨야 할 것이라고 박 대표는 말하고 있다.

이번 과거사 규명 작업은 시민단체와 관련 당사자들이 제기해온 주장을 받아들인 것이다. 그렇지만 현실적인 주도세력은 정부와 집권세력이다. 그런 만큼 권력에 의한 또 다른 횡포가 되지 않도록 겸허한 자세가 필요하다. 그래야만 진실규명과 화해라는 진상조사의 목적이 달성될 수 있을 것이다.

사실 우리나라에는 우리 자신의 현대사를 과도하게 폄하하려는 경향이 있어왔다. 그러나 우여곡절에도 불구하고 우리나라가 후발국가들 중에서는 정치적, 경제적으로 상당히 모범적인 발전경로를 걸어왔다는 것이 해외의 평가들이다. 이런 발전의 성과로 이제 지난 과거의 왜곡된 사건들의 진실을 규명하는 작업도 수행하게 되었다. 이번 의혹 사건 규명과 과거사 재조명을 계기로 우리 스스로 부정하고 깎아내리는 과거사가 아니라 현재와 미래의 기반이 되는 우리의 역사로 재탄생될 수 있길 기대한다.

정부권력, 집권세력이 나눠먹는 전리품이 아니다

　여당과 노무현 대통령의 리더십이 총체적인 위기를 맞고 있다. 지난 재보선에서 전패한 열린우리당은 지지율도 지속적으로 떨어져 한나라당과의 격차가 10% 이상으로 벌어졌다. 독도 문제가 불거지면서 잠깐 50% 내외까지 올라갔던 노무현 대통령에 대한 지지율은 다시 30%대로 내려가 있다. 오일 게이트, 행담도 게이트, 참여정부 주요 인사들의 비리 의혹이나 부적절한 개입 사건이 연일 터지고 있다. 어느 것 하나 말끔하게 해소되지 않은 상태이지만, 많은 사람들이 또 다른 사건이 터질 수밖에 없을 거라고 말하고 있다.

　거의 모든 신문에서 참여정부의 근본적인 한계와 조기 레임덕을 지적하고 있다. 반(反)개혁세력의 저항 때문이라고 몰아붙였던 여권의 목소리도 힘을 잃은 듯하다. 참여정부를 옹호했던 TV매체들도 이제는 조용하다. 오히려 비판하는 기조도 나타난다. 권위주의 시대, 민주화 시대 할 것 없이 TV매체는 주로 정부권력 편이었다. 이런 점에서 최근

* 2005년 5월 31일, CBS 뉴스해설

TV매체의 논조 변화는 참여정부의 조기 레임덕을 보여주는 것인지도 모른다.

여당인 열린우리당과 청와대의 대응이 다른 것 같다. 여론에 민감할 수밖에 없는 열린우리당 국회의원들은 상황을 심각하게 받아들이고 있다. 원내대표, 당의장 등 여당의 인사들은 초심으로 돌아가자고 한다. 그러나 처음부터 잘못된 것이 오늘의 결과를 초래한 면도 없지 않다. 부패척결을 말하면서 자기편의 비리에 대해서는 변명하고 옹호했다. 현재의 원내 다수도 비정상적인 탄핵정국이 아니면 불가능했다.

대통령의 주말골프 회동 소식이 대통령의 허리가 건강하다는 가십과 함께 보도되었다. 물론 대통령은 의연해야 한다. 그런데 최근 대통령과 청와대는 어떤 생각을 하고 있는지 알 수 없다. 아무리 좋은 계획을 가지고 있다 할지라도 국민들로부터 신뢰가 없다면 쓸모 없다. 청와대의 한 참모는 노 대통령의 리더십을 자랑하면서 게임이론을 설파하고 있다. 시국상황과 동떨어진 엉뚱한 일이다.

참여정부의 위기상황에 대한 인식은 입장에 따라 다를 수 있다. 여권의 위기가 야당세력에게는 권력투쟁에서 유리한 기회가 될 수도 있다. 그러나 특별한 일이 없는 한, 참여정부가 앞으로도 2년 반 이상 우리의 국정을 책임져야 한다는 사실을 생각하면 그렇게 볼 수만 없다. 참여정부의 성공을 위해서가 아니라 국가를 위해 참여정부가 새롭게 태어나야 한다. 정부권력은 집권세력이 누리는 전리품이 아니다. 국민에 대한 책임과 의무이다.

노 대통령의 지역구도 타파 논리, 잘못됐다

법무부, 환경부 두 부처 장관이 새로 임명되었다. 또 국방부 장관은 유임되는 것으로 발표되었다. 이에 대한 언론의 보도나 시민단체의 반응이 별로 호의적이지 않다. 이번 인사는 노 대통령의 국정운영 방식과 인사 스타일을 압축적으로 보여주고 있다.

이재용 전 대구남구청장의 환경부 장관 임명에 대한 논란이 가장 큰 것 같다. 야당은 물론 이 장관이 활동했던 환경단체에서도 비판적인 반응을 보이고 있다. 낙하산 인사, 과도한 정치적 배려 인사라고 비판하고 있다. 하지만 청와대는 지역구도 타파를 위해 낙선 인사를 배려한 것이라고 오히려 적극적인 옹호를 하고 있다.

그러나 지역구도 타파를 위한 인사라는 노 대통령과 청와대의 주장은 잘못된 것이다. 물론 어느 정도는 정치적으로 배려할 수도 있다. 그러나 정부나 공기업에 중용된 낙선 인사의 80% 정도가 영남출신인 상황이다. 청와대 비서실도 부산·경남권 출신이 압도하고 있다고 여

---

* 2005년 6월 30일, CBS 뉴스해설

권에서조차 지적하고 있다. 집권 초부터 노 대통령과 측근 인사들의 지역구도 타파에 대한 잘못된 인식과 논리가 분당과 탄핵, 지지층의 이탈로 이어진 근본적인 요인이었다.

야당에서 해임건의안을 추진하고 있는 윤광웅 국방부 장관은 유임됐다. 국방개혁을 지속적으로 추진할 수 있는 마땅한 대안 인물이 없어 유임했다는 청와대 측의 설명이 이해는 된다. 그러나 이 또한 참여정부 인력풀의 한계를 자인하는 것에 다름 아니다.

열린우리당 천정배 전 대표의 법무부 장관 임명에 대한 반응이 제일 호의적인 것 같다. 천정배 장관 입각으로 사실상 여당의 핵심 지도부 모두가 행정부에 차출되어 포진하고 있는 셈이다. 알다시피 정동영 통일부 장관과 천정배 법무부 장관은 당 의장과 대표를 역임했다. 정동영 장관은 김근태 복지부 장관과 함께 여권의 유력한 차기대권 주자로 거론되고 있다. 또 열린우리당 내부의 역학관계에서 중요한 역할을 해온 이해찬 의원은 이미 1년 전부터 총리를 맡고 있다.

노 대통령은 최근에도 당과 청와대의 분리 원칙을 말하고 있다. 그러나 여당의 지도급 인사가 대거 행정부에 참여하고 있다. 외형상으로는 오히려 여당이 행정부를 책임지는 내각제처럼 보인다. 그러나 우리의 체제는 내각이 국민과 당에 책임지는 내각제는 아니다. 대통령이 내각 인사를 좌우하고 대통령이 책임지는 체제이다. 국정운영에 실패할 경우 정부가 교체되는 내각제와 달리, 우리나라의 대통령은 임기가 보장된다. 그런데 우리의 대통령은 임기를 절반 이상이나 남기고 있음에도, 조기 레임덕이 거론되고 있다. 참여정부는 지난 2년 반의 국정운영을 되짚어보아야 한다. 근본적인 새출발이 반드시 필요하다.

권력유착 X파일, 철저한 규명과 반성을 촉구한다

한국 사회 권력집단의 유착관계를 폭로한 X파일 파장이 이번 주에 더욱 본격화될 것으로 보인다. 지난 주 보도되지 않았던 내용들이 새롭게 드러날 가능성도 크다. 무엇보다 삼성의 기아차 인수 작전이 기아차 부도사태와 관련이 있느냐의 여부는 매우 중요한 쟁점이 될 것이다. 알다시피 기아차 사태는 1997년 IMF 사태의 발단이었다.

이번 X파일의 내용을 보면 재벌과 국가권력, 그리고 언론으로 이루어진 한국의 권력 커넥션의 전형을 보여주고 있다. 재벌, 언론, 대통령 후보와 유력 정치인, 한국 사회 핵심 권력층 모두가 포함되어 있다. 물론 정치권력도 바뀌고, 그때로부터 8년이 지난 오늘의 상황은 좀 다를 수도 있다. 그러나 X파일 커넥션을 주도한 삼성은 현재 한국 사회 제1의 영향력을 행사하고 있다. 참여정부는 삼성공화국과 과도한 밀월관계에 있다고 비판받고 있다.

지난 5월 한 언론사는 삼성이 한국에서 영향력이 가장 큰 집단이라

* 2005년 7월 25일, CBS 뉴스해설

고 조사 결과를 발표했다. 동시에 삼성을 가장 신뢰받는 집단으로 꼽았다. 한국 사회 권력유착을 주도한 삼성이 영향력과 신뢰도 모두에서 1위인 셈이다. 재계만 아니라 정치권, 언론, 시민단체 등 우리나라 모든 사회집단을 통틀어 삼성이 1위라는 것이다. 또 이를 조사해 발표한 언론사 역시 97년 권력유착 과정에서 중요한 역할을 한 중앙일보였다.

김대중 정권의 탄생을 반대했던 인사가 김대중 정부를 계승한다는 참여정부의 핵심 외교라인에 종사하게 된 것도 참 아이러니한 일이다. 이미 많은 문제를 안고 있는 홍석현 주미대사는 빨리 사퇴해야만 한다. 대통령도 홍대사 본인의 선택을 기다릴 일만 아니다. 잘못된 인사는 인사권자의 책임도 크다.

이번 X파일 관련 내용에 대해서는 철저한 규명이 필요하다고 본다. 국정조사도 반드시 필요하다. 정치권 인사 중 핵심 당사자로 보도된 이회창 전 총재 진영은 보도내용에 대해서 논란을 제기하고 편파적인 자료라고 말하고 있다. 이런 문제의 규명을 위해서도 철저한 국정조사는 필요하다. 지난 5월 2일 관련법이 통과된 과거사 문제 못지않게 당장 규명해야 할 살아 있는 해결과제이다. 사법적 사안에 대해서는 검찰의 수사도 당연히 진행되어야 한다.

과거의 일이지만, 현재 우리 사회의 핵심 권력집단이 관련된 비리 의혹 커넥션이다. 권력집단들의 총체적인 반성과 권력집단에 대한 사회적 감시망을 강화하는 작업이 필요하다.

■■■■ X파일 사건

1997년 대통령 선거를 앞두고 삼성이 정치권에 불법 정치자금을 전달한 내용과 관련해 이학수 삼성그룹 비서실장과 홍석현 중앙일보 사장이 나눈 대화를 국가정보원(원래 사건 당시 명칭 국가안전기획부)이 불법도청해 만든 녹음 테이프, 이른바 안기부 X파일을 언론이 입수해 공개하면서 불거진 사건이다.

논란의 대상이 된 홍석현 전 사장은 X파일 사건이 불거진 2005년 7월 당시 주미대사직에 임명돼 있었고, 향후 유엔사무총장을 노린다고 알려졌다. 그러나 결국 이 사건으로 주미대사직에서 물러나 귀국하게 되었고, 반기문 외교부 장관이 유엔사무총장에 입후보해 당선되는 영광을 맞았다.

X파일 사건 파장 속에서 삼성그룹은 8,000억 원 상당의 사회기금 헌납 등으로 상황을 전환시키고자 했다. 삼성그룹(회장: 이건희)은 그동안 에버랜드 전환사채(CB) 등의 증여 문제와 X-파일 같은 문제로 국민들에게 걱정을 끼쳐 깊이 반성한다고 밝히고, 사회 여론과 국민의 뜻을 겸허히 받아들이고 사회와 더불어 발전할 수 있는 구체적인 방안을 마련하라는 이 회장의 뜻에 따른 것이라고 했다. (불법 정치자금 등) 지난날의 잘못된 관행을 반성하면서 그동안 삼성의 현안 문제들에 대해 참여연대 등 시민사회 단체들이 지적해왔던 점을 받아들여 기금 헌납과 사회공헌을 주 내용으로 발표하게 됐다고 했다. X파일에 거론된 이건희 회장을 비롯한 삼성 측 관계자들은 모두 '증거 불충분' 등을 이유로 무혐의 처분하는 것으로 사법처리는 종료됐다.

참여정부, 집권 후반기의 선택

노무현 대통령의 임기가 오늘로 절반을 넘어서고 있다. 청와대와 여당에서는 집권 전반기의 성과를 홍보하고 있지만, 대부분의 조사 결과는 노 대통령과 참여정부에 대해 부정적인 평가를 하고 있다. 20% 대를 벗어나지 못하는 노 대통령의 국정수행에 대한 지지도가 이를 대변해주고 있다.

무엇보다 국민 다수의 비판을 겸허히 수용하는 자세가 필요하다. 국민을 향해 계몽하고 훈계하려는 자세를 버려야 한다. 국민 여론에 따르는 것이 민주주의라는 것은 말할 필요도 없을 뿐 아니라, 우리의 국민은 정부 못지않게 선진화되어 있다는 점을 자각해야 한다. 참여정부를 탄생시킨 것도 국민이었다. 최근 노 대통령은 자신의 주장이 국민 여론과 동떨어져 있음을 시인한 바 있다. 그런데 유감스럽게도 그 책임이 자신에 있다고 보고 있지는 않은 것 같다. 국민 여론이 호응하지 않고 전문가들도 동의하지 않는 주장을 홀로 고집하는 양상이 최

---

* 2005년 8월 25일, CBS 뉴스해설

근까지도 반복되고 있다. 설령 바람직한 정책이라고 할지라도 국민 여론이 호응하지 않는다면 성공하기 어렵다.

경제와 민생분야, 정치개혁이 후반기의 주요 과제로 제시되고 있다. 그러나 분야별 정책이 효과를 거두기 위해서는 대통령의 리더십에 대한 신뢰회복이 선결과제이다. 국민을 안심시켜야 할 대통령이 오히려 국민을 불안하게 해서는 안 된다.

대통령의 역할에 대한 새로운 인식이 필요하다. 대통령이 정치권을 감시하고 성토하는 시민단체의 대표는 아니다. 대통령은 국가정책에 가장 직접적인 영향력을 미칠 수 있는 정부의 수장이다. 누구를 비판하기보다 자신이 책임을 지고 직접 정책을 주도하는 자리이다.

노무현 대통령은 자주 논쟁을 제기한다. 대통령은 국정의 책임자이지 논쟁을 즐기는 학자나 평론가가 아니다. 물론 대통령이 국가의 진로와 관련해 논쟁을 제기할 수 있다. 그러나 모든 국정이 논쟁에 휘말려서는 안 된다. 논쟁거리는 미리 의견을 수렴하고 다듬어서 최종 정책으로 내놓아야 한다. 국민과 논쟁하는 정부가 참여정부는 아니다. 더구나 국민 여론에 맞서는 정부가 참여정부일 수는 없다. 대통령이 국민보다 열 걸음은 앞서간다는 반민주적이고 오만한 참모들의 자세가 계속되어서는 안 된다.

남은 2년 반의 임기, 짧다면 짧고 길다면 긴 기간이다. 집권 전반기를 반전시켜 참여정부를 성공시키는 2년 반이 될 것인가, 여전히 견디기 어려운 2년 반이 될 것인가, 그 선택에 대한 일차적인 책임은 대통령과 참여정부 자신에 있다.

과거사정리위원회의 출범

　과거사정리위원회가 출범했다. 짧게는 4년, 길게는 6년 동안 상설 국가기구로 일하도록 되어 있다. 일제강점기부터 지난 100여 년간에 이르는 한국 현대사의 의혹사건들에 대해 진실을 규명하려는 실로 방대한 작업이다. 진실과 화해라는 숭고한 목적을 내세우지만, 국민들 중에는 고개를 갸우뚱거리는 사람들도 있다. 국민들의 공감을 얻어야 한다.

　정부와 여당은 보완입법 등 과거사위원회의 실질적인 활동을 위해 여러 후속조치를 마련하고 있다. 반인도적 국가범죄에 대해서 민형사상 시효배제를 목적으로 하는 특별법 제정을 추진하고 있다. 반면에 야당은 위원회의 정치적 의도를 경계하고 있다. 위원들의 이념적 편향성도 지적하고 있다. 과거사법 제정 과정에서 논란이 되었던 문제들이 위원회 출범 이후에도 그대로 나타나고 있다. 진실규명 작업이 정파 간 이념 대립의 무대가 될 가능성도 없지 않다. 이 점에서 대통령과

* 2005년 12월 2일, CBS뉴스해설

개인적으로 친밀한 관계가 있는 송기인 신부를 위원장으로 임명한 것은 아쉬움이 있다.

지난 100여 년의 의혹사건들을 규명하려는 위원회의 인력이 190여 명으로는 턱없이 부족하다는 주장도 있다. 그러나 과거사위원회의 정리작업을 통해서 과연 얼마나 새로운 진실이 규명될 수 있을지 의문을 제기하는 사람도 있다. 효과도 없이 자칫 국가 에너지를 낭비할 수 있다는 것이다.

과거사위원회는 의혹사건에 대한 규명과 역사에 대한 재평가라는 이중적인 역할을 하고 있다. 의혹사건에 대한 객관적인 규명은 당연히 필요하고 또 가능할 것이다 그러나 역사에 대한 평가는 주관적일 수밖에 없다. 따라서 아무리 객관적인 활동을 주문해도 시각과 입장에 따라 조사대상과 방향이 달라질 수 있다. 이 때문에 조사대상 선정과정에서부터 정파 간 논란이 예상되고 있다.

새로운 진실규명 작업이 객관적인 호응을 받지 못한다면, 그것은 진실과 화해를 위한 정리가 아니라 또 하나의 과거사가 되고 말 것이다. 특히 정권의 기세가 개입된 과거사정리 작업에서는 유의해야 할 점이다. 따라서 과거사위원회는 역사에 대한 재평가 작업보다 반인권적 국가범죄나 의혹사건에 대한 진상규명 작업에 주력해야 한다. 역사에 대한 평가는 말 그대로 역사로 남는다.

역사에 대한 겸손한 자세가 필요하다. 그래야 과거사정리가 모두가 공감하는 진실규명 작업이 되고 역사적 화해의 계기가 될 것이다.

정권 말기 위기관리, 겸손한 자세가 무엇보다 중요

"지지율은 낮지만, 과거처럼 정권 말기에 측근 비리는 없다." 노 대통령이 며칠 전 한 말이다. 많은 비판을 받고 있지만, 그래도 이전 정권보다는 나쁘지 않다는 것이다. 그러나 별로 자랑할 것이 없는 것 같다. 정말 최악이다. 온 나라가 '바다이야기'의 도박과 비리의 충격에 빠져 있다. 이 와중에도 노 정부는 비상식적인 인사 관행을 계속하면서 여론에 맞서고 있다. 집권 중반부터 좋은 효과가 나올 것이라며 경제위기론을 반박했던 참여정부가 아직 성과는 보여주지 못한 채 정권 말기의 총체적 혼돈을 맞고 있다.

지난 5·31 지방선거에서 여당의 참패를 두고, 여권 인사들 스스로 국민에 의한 노무현 정부의 탄핵이라고 했다. 사실 내각책임제 정부라면 정권이 총사퇴하고 새롭게 정부를 구성해야 하는 상황이었다. 공식적인 탄핵이 아닌 한, 임기가 보장돼 있지만 정부와 여당은 새로운 출발이 반드시 필요한 상황이었다.

* 2006년 가을호, ≪개혁시대≫

여당은 김근태 당의장 중심으로 경영계와 노동계의 대타협을 중재하는 이른바 '뉴딜'을 시도했다. 그러나 노동계가 얻어낼 수 있는 구체적인 타협 내용이 없는 뉴딜 시도는 성과를 거두기가 당초부터 어려워 보였다. 여당의 위기는 노 대통령의 리더십 문제와 지지기반의 분열이라는 두 요소가 해결되지 않는 한 해결되기가 쉽지 않다.

노 대통령은 지방선거 참패 이후에도 여전한 것 같다. '잘하면 국민의 지지를 얻고 빛을 볼 날이 있을 것'이라는 노 대통령의 말은 반성을 하기보다 오히려 국민이 깊은 뜻을 잘 모르고 있다는 토로처럼 보인다. 선거 이후 대통령은 여러 기회를 통해 정권 말기 상황에 대한 견해를 피력했다. 그러나 고집에 가까운 똑같은 주장을 반복했다.

참여정부 들어 책임질 일은 상품권 문제뿐이라고 했다. 생뚱맞게 웬 상품권이 거론되느냐 했는데, 바로 며칠 뒤 '바다이야기' 사건이 터졌다. 정책 실패만 아니라 권력형 비리와도 관련될지 두고 볼 일이다. '노인(盧人)과 바다이야기'라는 패러디도 등장했다. 이제 여권에서 대통령의 사과를 촉구하고 있다.

그렇잖아도 정권 말기 레임덕과 정계개편 논란이 제기되던 상황에서 한미FTA 문제, 전시작전통제권 환수 문제가 겹치면서 최근 우리의 정국은 혼돈의 소용돌이에 있다. 어느 것 하나 가벼운 정책이 아니다. 정국 차원만 아니라 국가적 장래와도 관련된 문제들이다. 이런 중대한 문제들을 대통령과 정권 차원에서 일방적으로 추진하는 것이다. 더구나 70% 내외의 국민이 불신하는 대통령과 집권세력이 이를 추진하고 있다. 극도로 불신을 받고 있는 정권이 중대한 정책을 수행하니 국민도 불안할 수밖에 없다.

과연 바뀔 수 있을지 모르지만, 국민들로부터 신뢰를 확보하는 것이 우선 과제이다. 같은 정책이라도 국민의 신뢰가 없으면 효과를 거두기가 어렵다. 이런 마당에 오히려 여론에 맞서는 국정운영 행태를 여전히 보이고 있다. 부정과 비리로 사법처리되었던 주요 측근들을 관행이라는 이름을 빌려 사면했다. 대통령의 헌법적 권한이지만, 사실상 또 다른 권력형 비리에 가까운 것이다.

'바다이야기' 문제가 국가를 요동치고 있는 상황에서 이재용 전 환경부 장관을 국민건강보험공단 이사장에 임명했다. 영남권의 선거직에 여당 후보로 출진해 실패한 인사들을 다시 정부 요직에 보임해온 것이 노무현 대통령의 인사 관행이었다. 선거출마용 경력관리와 지명도 높이기를 위해 장관 등의 자리를 주었다는 해석도 있었다. 대통령 이하 내각의 책임자급을 정권의 정치적 목적을 위해 활용한다는 비판이 꾸준히 제기돼왔다. 장관 임명 9개월도 안 돼 다시 지방선거에 차출된 이재용 전 장관의 경우를 보면 그런 지적도 타당하다.

이재용 신임 이사장의 경우, 17대 총선에 출마해 실패한 이후 환경부 장관에 임용됐다. 다시 5·31 지방선거에 차출되어 출마했고, 다시 실패하고 나서 이번에 보험공단 이사장에 임명된 것이다. 국가경영이 아니라 조그만 기업경영에서도 이런 노골적인 측근 관리 인사는 있을 수 없다. 공단 노조가 측근·보은·낙하산인사를 반대하고 있다. 일부에서는 정권 말기 식구 챙기기가 더 기승을 부리는 것 같다는 성토도 하고 있다.

참여정부가 1년 반 정도 임기를 남기고 있다. 집권 말기 레임덕에 정권의 리더십은 좋지 않은 방향으로 더 고집을 피우는 것 같다. 여당에서도 대통령과 정권을 성토하고 있다. 집권 초기부터 비판세력들이 지적했던 내용을 이제는 여당에서도 제기할 수밖에 없는 상황인 것이다. 대통령은 남은 평생을 열린우리당과 함께하고 싶다고 했지만, 정계개편의 가능성은 여전히 크다. '바다이야기'의 풍랑만 아니라, 정권 말기에 또 다른 사건이 불거질 가능성도 없지 않다. 이럴 때일수록 정부는 국정운영의 구심점으로 제 역할을 해야 한다.

이제는 개혁을 말하기에 앞서 국정의 구심점으로서 최소한 제 역할을 하는 것이 필요하다. 이를 위해서는 무엇보다 겸손해야 한다. 위기의 원인을 외부에 돌려 성토할 것이 아니라 스스로 위기관리 책임을 통감해야 한다. 국정운영의 책임자가 게임을 즐겨하는 승부사가 되어서는 안 된다. 바다이야기 도박게임도 위험하지만 국민을 상대로 하는 정치게임은 더더욱 위험하다. 이제는 정권 도전자가 아니라 대통령이며, 더구나 집권 말기 위기관리를 해야 하는 대통령이다.

언론의 특권의식과 대통령의 독단

기자실 통폐합을 골자로 한 정부의 「취재지원 시스템 선진화 방안」에 대한 비판이 거세지고 있다. 언론과 정치권의 반발을 두고, 이런 식이라면 기사송고실을 아예 폐지할 수 있다고 노무현 대통령은 맞대응하고 있다. 개혁을 위한 선진화 방안이라고 했던 정부가 감정적인 대응조치로 스스로 격하시키고 있다.

한국 언론의 폐쇄적인 특권이나 횡포를 시정하고자 하는 정부의 문제의식에 일리가 없지 않다. 그러나 정보의 통제를 통해 언론의 횡포를 해결하고자 하는 것이라면, 상당히 반민주적인 발상이다. 선진화 방안의 내용뿐 아니라 결정과정과 이후의 대응방식에서 보인 대통령과 정부의 독선적인 태도가 더 문제이다.

모든 제도에는 장단점이 있다. 긍정적인 효과도 있지만 부정적인 폐단도 있다. 그래서 정책 입안과정에서부터 다양한 의견을 수렴하는 것이 필요하다. 최종 결정 이후에도 문제가 드러나면 수정해야 한다.

---

* 2007년 5월 31일, CBS 뉴스해설

이번 선진화 방안도 마찬가지이다. 그런데 정부에서는 일방적으로 발표했다. 노무현 정부에서는 늘 그랬다. 그런 다음 반발이나 비판이 제기되면, 기득권 세력의 저항이라며 오히려 공격한다.

국민과 소통하기보다 고립을 자초한다. 국민의 에너지를 모으고 국민과 함께하는 지도자의 모습이 아니다. 그러면서 개혁을 위한 외로운 투사처럼 오만하게 행동해왔다. 민주주의와 소통을 말하면서, 실제는 전체주의 체제처럼 일방적 홍보에 의존하려 한다.

노무현 대통령과 청와대의 이런 자세는 그동안 정부에 대한 신뢰를 추락시킨 결정적인 요인이었다. 최근만 보더라도 개헌제안이 그랬고, 한미 FTA 추진과정이 그랬다. 좋은 정책이라도 국민의 지지를 받지 못하면 성과를 거두기가 어렵다. 더구나 잘못된 정책에 대한 비판까지도 봉쇄하면 문제가 크다. 독재정치가 바로 그런 것 아닌가.

이번 취재지원 선진화 방안을 둘러싼 갈등은 한국 언론의 특권 구조와 노무현 정부의 독단적인 국정운영 자세, 모두에 대해 생각케 한다. 정부의 선진화 방안에 분명 문제가 있다. 그러나 이를 언론탄압이라고까지 하는 주장은 부절적하다. 언론들이 강하게 성토하는 배경에는 그들의 사적 이해관계나 특권의식이 숨어 있지 않나 모르겠다. 거의 모든 언론이 벌떼같이 성토하고 있다. 그러나 언론의 자성은 보이지 않는다.

언론의 취재관행과 특권의식에 대한 개혁이 필요하다. 그러나 정부가 취재지원 시스템의 변화를 통해 개혁을 달성하고자 한다면, 정부 스스로가 국민으로부터 신뢰를 받아야 한다. 4년 이상 '꿋꿋하게' 버텨온 노무현 정부의 자세가 바뀌길 기대한다는 것이 언론의 자성을 기대하는 것만큼이나 어려운 것이 안타까운 현실이다.

제6장
대통령중심제와 의회정치의 위기

우리나라에서 대통령과 의회 관계는 민주적인 책임정치가 어려운 구조이다. 여당이 대통령에 종속돼 있고, 의회정치가 대권 싸움의 대리전을 하고 있다. 대통령에 대한 여당의 종속은 권위주의 정권 시기나 민주화 정권 시기나 별 차이가 없다. 다만 민주화 정권에서는 '개혁정책'을 지지하기 위해서라는 말로 포장해왔을 뿐이다. 여당이 대통령에 종속돼 있는 상태에서 야당은 대통령과 대립할 수밖에 없다. 이른바 생산적 정치가 대권을 둘러싼 정쟁의 정치가 될 가능성이 클 수밖에 없다.

노무현 정부에서는 여당의 대통령 종속을 벗어나기 위해 '당정분리' 선언을 하기도 했다. 그러나 여당이라는 위치를 벗어나지 않는 한, 당정분리는 애매할 수밖에 없었다. 자율적으로 활동한다면 여당이 아닌 것이다. 사실 여당, 야당 개념은 정당이 정권을 장악하는 의원내각제 체제에 적합한 개념 규정이다. 대통령이 책임지는 체제에서 정당이 책임지는 여당, 야당 개념을 쓰는 셈이다. 앞으로 민주적 체제의 하나로 새로운 실험 모델이 정착될 수 있을지 모르지만, 현재까지는 대통령중심제와 정당 책임정치가 조화를 이룰 가능성을 찾기는 쉽지 않다. 민주적인 제도로서 정합성이 부족하다고 하겠다.

탄핵정국은 야당이 의회를 장악하는 상태에서 대통령 권력에 대한 의회의 심판이었다. 물론 헌법재판소는 의회의 탄핵 결정이 타당하다고 인정하지 않고 기각했다. 대통령 권력과 의회 권력의 충돌은 사실상 야당과 대통령의 충돌이다. 따라서 야당이 소수일 때는 의회 권력이 두드러질 수 없다.

우리나라에서 민주화 이전 야당이 의회권력을 장악했을 때가 2대

국회(1950~1954) 전반기였다. 물론 이때는 아직 정확한 여당이 없었기 때문에 야당 구분도 확실치 않았다. 이승만 대통령의 자의적 통치에 비판적인 세력이 국회의 다수를 차지하고 있었다. 이승만 대통령이 자신의 재선을 위해 대통령직선제로 개헌을 시도했으나 국회에서 부결됐다. 그럼에도 다시 직선제 개헌을 시도했고, 전쟁 중인 상태에서 추가로 계엄령까지 선포하고, 깡패 등을 동원한 폭력과 편법으로 대통령직선제 개헌을 관철시켰다. 이른바 발췌개헌으로 불리는 1차 개헌이었다. 1987년 6월항쟁 시기 대통령직선제가 민주화의 주요 과제였던 데 비해, 1952년 1차 개헌을 통해 대통령직선제가 최초로 도입되는 배경과 과정이 오히려 반민주적이었던 점은 참 아이러니하다.

1952년 대통령 권력과 의회 권력의 충돌에서는 불법 폭력을 동원한 대통령 권력이 의회 권력을 제압하는 것으로 정리된다. 이른바 '5·26 부산정치파동'으로 불리는 이 사건과 1차 개헌은 한국 정치에서 제왕적 대통령제와 대통령에 종속된 의회정치 구조의 전통이 만들어지는 중요한 계기가 된다.

이후에도 야당 권력이 살아나면서 의회정치의 힘이 살아나나, 거의 10년 주기의 비정상적인 정치변동으로 의회 권력이 무력화된다. 그러다가 민주화 이후 여소야대 정국이 등장하면서 의회 권력과 대통령 권력이 충돌하는 상황이 발생한다. 노태우 정부에서는 1990년 '3당합당'을 통해 여소야대(與小野大)를 여대야소(與大野小) 구조로 바꾸어 해결하려 했다.

노무현 정부에서도 재현된 여소야대 정국에서 노무현 대통령의 특이한 리더십과 의회 권력이 극단적인 충돌을 빚으면서 탄핵정국이 만들어진다. 탄핵정국에서 치른 17대 총선에서 여당이 과반수를 차지해 여대야소 정국을 만든다. 그러나 여대야소 구조라 하더라도 극단적인 대립 구조가 남아 있는 한 의회정치의 정상화는 과제로 남는다. 여대야소로 출범했던 17대 국회에서도 대권을 둘러싼 극단적인 대결의 정치가 반복되었다.

4월 26일 국회 윤리특위는 국회의원 윤리선언을 채택했다. 우리 헌정사상 처음 채택된 것이라는 점에서 의원들의 자기혁신 노력을 높이 살 수도 있다. 시민들을 대상으로 국회에 바라는 점을 설문조사해서 우선 순위에 따라 정리한 5개 항목을 선언 내용에 담았다고 한다. 당리당략보다 국민의 행복을 우선하고 회의 출석시간을 엄수해야 하는 등, 국회의원으로서뿐 아니라 초등학교 학생 정도에서도 상식적으로 지켜져야 할 내용들이다.

어떤 면에서 그동안 국회의원으로서 지켜야 할 상식적인 규칙과 윤리들이 지켜지지 않았던 우리 국회의 현실을 역설적으로 말해주는 것에 다름 아니다. 개혁국회라고 큰소리쳤던 17대 국회의 지난 1년을 되돌아보면 알 것이다.

따라서 이번에 채택한 윤리선언이 이전의 국회법이나 윤리강령 등에 적시된 내용에 비해 별 달리 특별한 효과를 기대할 수 있는 것은

* 2005년 4월 28일, CBS 뉴스해설

아니다. 말 그대로 선언에 불과하다. 어디까지나 의원 스스로의 의지에 기댈 수밖에 없다. 그런데 유감스럽게도 윤리선언 채택 과정에서부터 특위 위원의 절대 다수가 회의시간을 지키지 않은 것으로 보도되었다. 출발과정에서부터 선언내용을 위반한 셈이다.

이런 과정을 보면 좀 허탈해지지만, 우리는 이번 선언을 국회의원이나 고위공직자의 윤리에 대해 사회적 감시망을 강화하는 계기로 삼아야겠다. 또한 국회의 경우 국회의원들의 윤리의식에만 기대하기는 어려운 구조적인 문제도 있다. 국회의 정치개혁 과제에 이 문제를 반드시 포함해 논의해야 할 것이다.

윤리선언이 채택되었던 26일 공직자 윤리법 개정안도 국회 본회의에서 통과되었다. 공직자 윤리법은 윤리선언과 달리 강제적인 법이라는 점에서 의미가 다르다. 그러나 개정된 공직자 윤리법도 여전히 개선과제를 안고 있다. 특히 이번 개정안의 핵심내용인 주식 백지신탁 제도의 경우 처분기간 연장 문제도 모호하고, 가격기준을 액면가로 규정하는 것도 문제이다. 알다시피 삼성전자처럼 주식의 시가가 액면가의 100배에 달하는 경우도 있다. 이 경우 개정안에서 신탁 상한액으로 정한 5,000만 원은 사실상 50억 원 가까이 되어버린다.

국가운영의 윤리가 지켜지기 위해서는 고위 공직자 스스로 윤리적이어야 한다는 것을 다시 말할 필요도 없다. 고위공직자들의 자정과 혁신의지, 중요하다. 그러나 동시에 공직자들의 윤리의무를 실질적으로 수행하도록 강제하는 제도적 보완이 반드시 이루어져야 한다.

■ ■ ■ ■

  1991년 국회 윤리특별위원회가 구성되었는데, 윤리특위 결정에 따라 국회의원에게 구체적으로 징계조치가 이루어진 것은 2005년 4월 31일이 처음이었다. 국정감사 과정에서 나온 부적절한 발언과 기밀누출 사유 등으로 세 의원에게 '경고'조치가 내려졌다. 이후에도 몇몇 의원들이 윤리특위에서 징계결정을 받았으나, 그 조치 대부분 국회 본회의에서 윤리위반을 보고하는 수준이었다.

  그동안의 징계 중 가장 강한 징계는 2005년 2월 행정중심도시특별법 처리 과정에서 본회의장에서 명패를 집어던지는 등 의사진행 방해 행위로 한나라당 김문수 의원에게 국회의 모든 회의에 5일간 참석하지 못하도록 징계하는 출석정지 결정이었다. 국회 본회의 발언에서 동료 의원을 근거 없이 '간첩'으로 몰았던 주성영 의원에게는 본회의에서 사과발언을 하도록 하는 징계결정을 한 바 있다.

  국회윤리특위 징계조치가 아주 형식적이라는 비판이 자주 제기되었다. 또 의원들의 성추행, 성희롱 사건을 계기로 국회법에 명시된 징계 대상이 '의원으로 직무수행 중의 행위'로 한정돼 국회 밖에서 행한 비윤리적 언행을 규제할 수 없다는 점 등이 지적되었다. 이를 보정하는 국회법 개정안을 심상정 의원 등이 제기했으나 2007년 1월까지의 개정에서는 반영되지 않았다.

반복되는 파행국회

개정 사립학교법을 둘러싼 여야 간의 대립과 국회의 공전이 계속되고 있다. 사립학교법 거부와 취소 운동을 벌이는 한나라당은 여전히 강경하다. 부산역 광장의 대규모 집회에 이어 전국을 순회하는 장외투쟁을 계획대로 추진하겠다고 한다. 사립학교법 개정을 주도한 열린우리당도 마찬가지이다. 한나라당을 임시국회에 참여케 하는 어떤 실마리도 만들지 못하고 있다. 수구기득권 세력을 옹호하는 집단으로 한나라당을 공격하고 있을 뿐이다.

열린우리당은 예산안 등의 처리를 위해 한나라당이 불참하더라도 임시국회를 진행하겠다고 한다. 매년 국회마다 그렇듯이 이번에도 예산안이 정기국회에서 처리되지 못하고 임시국회로 넘어왔다. 그런데 이 임시국회마저도 공전하고 있다.

국정을 주도하는 여당의 미약한 정치력 문제가 어제 오늘의 일은 아니다. 여당의 책임이 크다. 그러나 장외투쟁과 국회의 운용은 별개

* 2005년 12월 21일, CBS 뉴스해설, "열린우리당과 한나라당은 역할 분담하나?"

의 문제이다. 한나라당은 장외투쟁을 하더라도 임시국회에는 그대로 참여해야 한다. 물론 임시국회에 참여하지 않는 것이 한나라당의 전략이고 국민을 위해 바람직하다고 판단한다면 어쩔 수 없는 일이다.

현재로서는 한나라당이 개정사립학교법 반대를 위한 장외투쟁을 계속하고, 열린우리당은 원내에서 예산안 등을 처리하는 서로 따로 노는 양상이 될 것처럼 보인다. 열린우리당과 한나라당이 원내외로 역할 분담을 하는 것도 괜찮다는 냉소적인 지적도 있다. 황우석 교수 논문 파동의 태풍에 가려, 국회 활동에 대한 국민들의 비판이 아직은 그렇게 거세지 않은가 보다.

한나라당이 이번에 장외투쟁을 하는 배경에는 사립학교법 하나의 사안만 아니라 여당의 이념에 대한 근본적인 문제제기가 있다고 볼 수 있다. 이런 이념 대립이라면 당장 해결될 수 있는 문제는 아니다. 차분한 토론과 협상이 필요하다. 또 국민 앞에 토론하고 선거 등을 통해 국민의 선택을 기다려야 할 문제이기도 하다. 따라서 국회는 국회대로 운영해야 한다.

제2의 제헌국회라고 큰소리쳤던 17대 국회에 대한 평가는 지난해에 이어 올해도 아주 좋지 않다. 구태는 그대로이고 미숙함만 더해졌다는 평가들이다. 오늘로 2005년이 딱 10일 남았다. 예산도 확정하지 않은 채 새해로 넘어가서는 안 된다. 8·31부동산대책 후속 입법을 빨리 제정해야 한다. 서남부 지역 폭설피해대책 협의를 계기로, 여야가 모두 참여하는 국회로 정상화되길 기대한다.

■ ■ ■

　한나라당과 기독교계 및 보수단체들에서는 개정 사학법(사립학교법)의 재개정을 아주 강력하게 주장해왔다. 물론 전교조 및 진보단체들에서는 그나마의 개정 사학법마저 다시 후퇴해서는 안 된다고 개정 사학법 수호를 촉구해왔다. 그런데 1년 6개월 이상의 논란 끝에 개정 사립학교법의 원래 취지를 사실상 무효화시키는 내용으로 재개정이 이루어진다(2007년 7월 3일). 개정 사학법의 취지는 사학의 족벌세습체제화 방지와 민주적 운용에 초점을 두었는데, 사학재단과 보수단체들에서는 이를 재단의 자율성 침해로 성토했다. 기존 개정 사립학교법의 핵심내용이 개방형 이사제였는데, 재개정한 법에서도 형식상으로는 이 제도를 유지했지만 개방형 이사 구성에 재단 측 인사를 추천할 수 있도록 함으로써 개정법의 취지를 무효화시켰다. 진보진영에서는 원래의 사립학교법보다도 못한 개악으로 분노를 표시하고 있다.

　재개정된 배경에는 종교계를 중심으로 한 보수재단들의 반발 여론이 있었지만, 정치적 상황 변화도 주목해볼 만하다. 처음 개정이 이루어졌던 2005년 12월에는 집권 열린우리당의 개혁 기세가 남아 있던 마지막 상황이었다. 야당 한나라당의 방해 속에 집권당 출신 국회의장의 직권상정으로 사학법을 개정했다. 이번 재개정 국면에서는 여당은 대통령의 탈당으로 형식상의 여당 지위도 갖지 않은 상태이며, 당은 탈당과 통합 논란 속에 지리멸렬해 있는 상태였다. 보수세력의 압력도 컸지만, '로스쿨법' 제정의 시급함 때문에 사학법 재개정도 수용해야 한다는 권력 중심부의 의지가 반영된 것으로 보인다.

장관 청문회도 패거리 싸움판인가?

5명의 국무위원과 경찰청장 내정자에 대한 국회의 청문회를 마쳤다. 국무위원 내정자에 대한 검증절차로 국회 청문회 제도가 도입된 후 처음으로 실시된 것이다. 그동안 앞뒤 안 가리고 큰소리치며 비아냥거리던 정치인 출신 어느 후보자가 흠결 많은 사람이라고 납작 엎드리는 청문회장의 대변신이 언론의 관심을 끌기도 했다. 학자 출신 부총리 후보자의 투기 의혹 또한 청문의 대상이 되었다. 청문하고 있는 국회의원 본인을 거꾸로 검증한다면 과연 어떤 모습으로 드러날까 상상해보는 사람들도 있었을 것이다.

청문회의 결과가 법적인 구속력을 갖는 것은 아니지만, 국회 청문회가 국무위원 내정자들을 공개적으로 검증하는 새로운 좋은 기회인 것은 분명했다. 그러나 정치세력 간의 패싸움이라는 한국 정치의 현실이 이번 청문회에서도 그대로 나타났다.

청문회 결과, 내정자들에 대해 여당과 야당, 특히 열린우리당과 한

* 2006년 2월 9일, CBS 뉴스해설

나라당은 완전히 상반된 평가를 했다. 한나라당은 사실상 임명 후보자 모두에 대해 부정적 평가를 하고 있다. 유시민 복지부 장관, 이종석 통일부 장관 등 장관 임명 대상자 대부분에 대해서 임명을 철회할 것을 요구했다. 임명권자인 대통령의 최종 판단을 기다려봐야겠지만, 여당은 야당의 부적격 판정을 정치공세로 일축하면서, 내정자 철회를 할 필요가 없다고 하고 있다. 내정 과정에서부터 비판적 여론의 집중 대상이었던 유시민 내정자에 대해서도 여당의 해당 의원 전원이 임명에 동의하고 있다.

청문회 이전에 보였던 여당과 야당의 태도가 청문회라는 형식적인 절차를 거쳤을 뿐 그대로이다. 현재의 정치구조에서 대통령이 내정한 후보자를 여당이 반대하기는 쉽지 않을 것이다. 이런 상황을 감안했을 때 최종 결정권자인 대통령이 청문회의 결과를 어떻게 받아들일지 궁금하다. 사실 이번 국무위원 임명 과정에서는 청문회 이전에 대통령의 내정 배경 자체가 논란이 되었다. 무리한 보은 인사, 여론에 맞서는 독선적 인사라는 비판이 결코 과하지 않다. 여당의 의장을 갑자기 산자부 장관으로 차출한 것도 상식적인 일은 아니었다.

이번 장관 후보자 내정에서부터 청문회에 이르는 과정은 대통령의 국무위원 임명 원칙과 기준에 대해 다시 한 번 생각케 한다. 또한 여야 간의 흑백대결 구조를 극복하는 것이 한국 정치의 핵심적인 개혁 과제라는 점도 또 다시 확인하고 있다.

국회 법안 통과: 절반의 성공

어제 재건축 관련 법안을 포함한 6개 법안이 국회에서 가결되었다. 사학법 재개정을 국회운영과 연계시키려는 한나라당의 반대 속에, 열린우리당과 민주당, 민노당이 참석해 이들 법안을 통과시킨 것이다. 한나라당 의원들이 김원기 국회의장의 본회의 사회진행을 봉쇄하고 표결과정에서 몸싸움까지 있었지만, 이번 법안 통과는 불가피했던 것으로 보인다.

6개 법률 중, 재건축초과이익 환수법과 도시 및 주거환경정비법은 재건축에 직접적인 영향을 미치는 당면한 부동산 관련 법이다. 외환은행과 할인매장 까르푸의 매각을 계기로 불거진 외국자본의 조세회피 문제를 정비하는 국제조세조정법도 포함되어 있다.

이번에 통과된 법안들이 그렇게 당리당략적인 것들이 아니기 때문에 한나라당도 극렬하게 반대하기는 어려웠을 것이다. 그래서 제1야당이 빠진 채 운용된 파행적인 국회였지만, 여론의 반응도 나쁘지는

---

* 2006년 5년 3일, CBS 뉴스해설

않을 것 같다. 사학법 재개정에 사활을 건 한나라당이 이 문제를 부동산 관련 법안의 통과와 연계시킨 것은 적절치 않았다.

지자체의 선출직 공무원의 비리가 발생할 경우 주민투표로 해당 공무원을 해임시킬 수 있도록 한 주민소환제법안도 통과되었다. 직위에 따라 유권자의 10%에서 20%의 서명으로 주민소환 투표를 청구할 수 있도록 했다. 앞으로 한국 지방자치 환경에 중요한 변수가 될 것이다. 국회의원들에게도 소환제를 적용하자는 안이 국회에 계류되어 있는데, 지자체에는 소환제를 도입했던 국회의원들이 스스로를 규제하는 법안을 통과시킬지 모르겠다.

이번 법안 통과 과정에서 여야 정당 간에 어떤 사전 논의나 타협이 있었는지 모르지만, 결과적으로 한나라당은 명분과 실리 모두 잃은 셈이다. 이후에 한나라당이 사학법 재개정 문제를 어떻게 추진할지 주목된다. 5월 임시국회가 거론되기도 하지만, 구체적인 재개정 논의는 5·31 지방선거 이후로 넘어갈 수밖에 없을 것이다.

열린우리당은 법안 통과를 두고 승리했다고 감격하고 있다. 얼마 전까지 한나라당과의 대연정을 주장하던 정당이 이제 민주·민노당의 3각동맹, 3각협력이라면서 현란한 수사를 동원하고 있다. 과도한 정치적 수사와 이벤트 중심의 정치가 국정을 어렵게 하고 있다는 점을 간과해서는 안 될 것이다. 책임 있는 집권당으로서 절반의 성공이라는 겸손하고 진지한 자세가 필요하다.

아무리 불가피했다지만, 몸싸움이 동원되는 파행적인 국회운영 방식에 대한 개선책도 생각해보아야 한다. 만일 현행 국회법이 미비하다면 법을 보완해서라도 정상적인 국회운용 방식을 원칙으로 정착시켜야 할 것이다.

헌법재판소장 임명동의 파행

전효숙 헌재소장 후보자에 대한 국회의 임명동의안이 처리되지 못한 채, 19일 어제 국회 본회의가 무산되었다. 야(野) 3당의 중재안을 한나라당이 받아들이지 않았다. 중재안이 받아들여졌다 하더라도, 법사위 청문회 절차를 거쳐야 하고 19일의 본회의에서 당장 처리하지 않는다는 내용이 중재안에 들어 있었기 때문에, 어제 임명동의안이 처리되기는 어려운 상태였다.

일부에서 헌정 공백을 말하지만, 헌재소장이 아직 임명되지 못한 상태라고 해서 헌정 공백은 아니다. 나머지 여덟 분의 재판관이 있고, 헌재소장 대행체제로 당분간 운영될 수 있다. 그러나 8명의 재판관만으로 헌재 결정 요건을 충족시키는 데는 여러 어려움이 있을 게다. 무엇보다 헌법재판소장 임명동의 과정이 정치적 논란거리로 장기화되어서는 안 된다.

왜 이런 사태가 발생했는가에 대해서는 각 당의 입장도 있고, 전문

---

* 2006년 9월 20일, CBS 뉴스해설

가들의 여러 견해도 있다. 원인이 어찌 되었든 국정운용에서 파행사태가 발생하면 가장 큰 책임은 집권세력에 있을 수밖에 없다. 전시작전통제권 환수 논란, 한미 FTA 문제, 여기에 대북문제도 여의치 않은 상황이다. 모두 국가의 진로와 관련해 중요한 사안들이다. 이런 논란 과정에 또 헌재소장 임명동의 절차를 두고 국회 본회의가 무산되는 사태가 발생하고 있다.

국가의 대표적인 헌법기관의 수장 임명에서 임기 3년, 6년 하면서 복잡한 방법을 동원했던 청와대 측의 방식이 출발부터 깔끔하지 못했다. 청문회 과정의 절차 논란은, 헌재 재판관 전원에 대해 국회 청문회가 처음 실시되면서 발생한 시행착오라고 볼 수 있다. 그러나 청문회 과정에서 절차상의 문제가 제기되었을 때, 국정을 주도하는 집권세력은 그것이 정치적 논란거리로 크게 확산되지 않도록 책임 있는 대안을 마련해야 했다. 겸손한 태도와 협상력도 아쉽다. 하나도 민생, 둘도 민생이라고 했던 여당의 정기국회 목적이 정치 공방 속에서 공수표가 될까 염려된다.

야 3당의 중재안을 거부한 한나라당이 절차의 원천적 문제를 지적하고 있어 당장은 접점을 찾기가 쉽지 않아 보인다. 한나라당은 전효숙 후보자를 전제로 한 청문회 절차 자체를 수용할 수 없다고 하고 있다. 야 3당이 여야 합의 처리를 강조하지만, 사실상 제1야당인 한나라당만 다른 강경입장을 보이고 있는 셈이다. 새로운 타협이 이루어지지 못한다면, 이제는 한나라당의 강경태도에 대한 비판여론이 더 커질 수 있다는 점을 인식해야 할 것이다.

■ ■ ■ 약한 의회, 강한 의회

위에서 지적한 전시작전통제권 환수, 한미 FTA 문제 등에 대해 국회에서 야당이 중심이 돼 비판적인 문제제기는 할 수 있지만, 정책 자체에 대해 본격적으로 논의하기는 어려운 것이 우리 국회의 위상이다. 의회의 유형은 다양한데, 의원내각제이냐 대통령제이냐에 따라, 정당정치의 특성에 따라 다르다.

어느 학자는 영국의 의회를 Parliament라 부르고, 미국의 의회를 Congress라 부르고 있는 명칭의 차이에서 의원내각제(의회제)와 대통령제 의회의 서로 다른 특성을 보여주고 있다고 말한다. 'Parliament'는 프랑스어 'parler(to talk)', 즉 '의견을 나누다'에 어원을 두고 있으며, 'Congress'는 라틴어 'congressus(to come together)', 즉 '함께 모이다'에 뿌리를 두고 있다. 의견을 가지고 와서 발표하는 자리와 모여서 의견을 만들어가는 자리의 차이라는 것이다.

이런 차이를 정치학자 폴스비(Neon Polsby)는 무대의회(arena legislature)와 전환의회(transformative legislature)라는 개념으로 구분하고 있다. 의회가 정당의 이념과 정책을 주장하는 무대 역할을 하는 영국식 의회가 무대의회이며, 의회 안에서 토론를 거쳐 법을 만들어내는 역할을 주도적으로 수행하는 미국식 의회 유형이 전환의회라고 구분했다. 무대의회에서는 정당의 규율이 강하고, 전환의회에서는 의원 개인의 역할이 강하다.

이렇게 보면 의회제 체제인 영국보다 대통령제인 미국의 의회가 더 적극적이다. 의회제 국가에서 정부와 여당은 사실상 동일하다. 그래서 의회에서 문제제기는 주로 야당에 의해서 이루어진다. 권력분립이 비교적 분명한 미국의 대통령제에서 오히려 의회의 자율적 역할이 더 적극적으로 이루어지는 셈이다.

우리나라의 의회는 영국식 무대의회에 가깝다. 야당의 문제제기를 중심으로 극한 싸움이 이루어지지만, 구체적인 정책이나 법안 내용을 가지고 토론하는 과정은 많지 않다. 그래서 한미 FTA 문제 등 국가의 주요 정책이 결정될 때마다 의회의 충분한 논의가 부족했다는 비판이 제기된다. 더구나 우리나라는 영국식 무대의회이면서 정당이 책임지는 내각제가 아니라 대통령 중심제 체제이다. 따라서 정책적 토론보다는 정치세력 간의 대결이 중심을 이루고 그 정치세력은 정당이라기보다 대통령 권력이다. 의회가 대권 싸움에 종속돼 있다고 할 수 있다. 결국 우리의 국회는 정쟁의 중심에 있는 것처럼 논란이 되지만, 자율적 입법 기능이 아주 약한 의회이다.

새로운 기로에 선 창당 7주년의 민주노동당

한국의 진보정당을 대표하는 민주노동당이 1월 30일로 창당 7주년을 맞았다. 마침 31일에는 신년 기자회견도 있었다. 문성현 대표가 주장했듯이, 정당끼리의 공방보다는 민생문제에 초점을 둔 회견 내용이었다. 저소득층, 약자를 위한 지원과 사회적 연대를 호소했다. 노동자와 소외계층의 이익을 대변하겠다는 진보정당다운 기자회견이었다.

물론 이런 주장들이 당장 정책으로 현실화될 가능성은 크지 않다. 국민 다수가 공감하는 정책이냐도 다투어보아야겠지만, 무엇보다 민노당이 정책을 채택해 수행하는 집권세력이 아니기 때문이다. 민주노동당은 이런 정책의제들을 대선에서 주요 쟁점으로 밀고 나갈 것이라고 말하고 있다.

오는 대선과 이어지는 총선은 민주노동당에게도 또 하나의 기로가 될 것이다. 지난 17대 총선에서 민노당은 원내 3당으로 비약하면서 주

---

* 2007년 2월 1일, CBS 뉴스해설

목을 받았다. 의정 활동의 성과를 통해 지지를 더욱 확대하겠다고 자신했다. 그러나 3년이 지나고 또 다른 선거국면을 맞는 시점에서 지지는 오히려 하락한 상태이다. 형식상의 지지도뿐 아니라 민노당에 대한 전반적인 기대도 침체돼 있는 분위기이다.

분석가들은 민주노총과 민노당이 동일시되면서 노동운동계에 대한 부정적 인식이 민노당에 그대로 이어졌던 부분을 지적한다. 일반 대중들과 유리된 행보가 문제였다고 분석하기도 한다. 또 열린우리당의 신뢰 추락이 민노당에게도 좋은 영향을 미쳤던 같지는 않다. 열린우리당을 대체하기보다 동반 추락한 측면이 있다. 민노당은 위기, 백척간두 등의 표현을 하면서 진보세력의 대통합과 혁신을 다짐하고 있다.

이런 다짐에도 불구하고 향후 전망이 여전히 불투명하다. 17대 국회에서 민노당이 많은 노력을 해왔음에도, 그 성과를 별로 인정받지 못한 배경에는 한국 정치의 구조적 한계가 있다. 우리의 정치구조에서는 여당과 제1야당을 제외한 세력이 정치적으로 주목받기가 쉽지 않다.

민노당의 민생정책 의지가 현실화되기 위해서는 소수세력의 정치적 활동 공간을 확보하는 구조개혁이 선행되어야 한다. 민노당은 다수의 지지를 받아 대권을 장악하겠다는 집권전략 이전에 당장 소수세력으로서 정치적 실천 방안에 대해 고민해야 한다.

민노당의 원내진출과 성장에 가장 큰 기여를 했던 것이 사실 정당명부비례대표제였다. 소수세력의 정치적 대표성을 보호할 수 있는 비례대표제가 도입되면서 민노당은 사표의 악순환을 벗어나 일정한 지지를 확보할 수 있었고, 17대 총선에서 탄핵정국의 특수 상황과 맞물려 급거 원내 3당으로 도약할 수 있었다. 그럼에도 거대세력의 흑백대결 구조를 만들고 있는 현행 대통령제가 소수세력의 활동과 성장을 근본적으로 제약하고 있다. 현행 대통령제의 핵심 문제는 임기나 연임 여부가 아니라 한국 정치를 거대세력의 대권경쟁으로 몰아가는 경직된 승자독식 구조에 있다.

정부권력 구조의 개편이 검토될 경우, 대통령의 임기 문제가 아니라 승자독식 구조의 경직된 대통령제 자체를 개선하는 데 초점을 두어야 한다. 이는 정치적 소수세력의 공존을 위한 단편적 과제만이 아니라, 민주화 이후 한국 정치 제도개혁의 핵심 과제이다.

거대 정당과 교섭단체에 대한 이중적 특혜제도

최근 열린우리당 탈당사태로 새삼 주목받는 것 중 하나가 우리 국회의 교섭단체 제도이다. 탈당세력이 조만간 원내 교섭단체를 구성할 것이라고 한다. 열린우리당 의원들의 탈당 행렬로 한나라당이 제1 교섭단체가 되었다. 교섭단체가 추가로 생기면 돌아오는 국고 보조금 몫이 줄어드는 것을 못마땅해하는 배부른 불만도 들린다. 국회의 효율적 운영을 위해 교섭단체 제도를 도입하고 있지만, 그 폐해에 대한 비판도 적지 않다.

원내 의원이 20명 이상인 정당은 교섭단체를 구성할 수 있고, 정당 단위가 아니어도 20명 이상이면 교섭단체로 등록할 수 있다. 교섭단체에게는 여러 특권이 부여된다. 반면에 교섭단체를 구성하지 못하는 소수세력은 소외되어, 부익부·빈익빈을 만들고 있는 것이 현실이다.

당초 우리의 제헌국회에서는 교섭단체 제도가 없었지만, 1949년 개정국회법에 따라 도입되었다. 그러다가 3공화국에서 모든 국회의원들

* 2007년 2년 8일, CBS 뉴스해설

은 반드시 정당공천을 받도록 하면서, 다수 정당은 정당의 특권과 교섭단체의 특권을 이중으로 받게 되었다. 이후 상황이 바뀌었지만 그런 특권은 더욱 강화되었다. 기득권의 재생산이었다.

현재 국회의 운영과 관련한 국회의장의 권한 중 의사일정 등 30여 가지를 교섭단체 대표와 상의하도록 하고 있다. 국회의 운영위, 정보위를 포함한 상임위 활동 역시 교섭단체 중심으로 되어 있다. 원내 행정, 정책 등 교섭단체의 원내 활동을 국가에서 지원하고 있으니, 소수세력은 차별받고 있는 셈이다.

무엇보다 국고에서 보조하는 정치자금의 50%를 교섭단체에만 할당하고 있다. 이 액수가 평시에는 연 285억 원가량이고 올해처럼 전국선거가 있는 해에는 두 배가 된다. 물론 소수세력도 교섭단체를 구성할 수 있다면, 교섭단체에 고루 할당하는 국고보조금 배분 방식은 오히려 소수세력을 배려하는 것이 된다. 그러나 현재의 교섭단체 구도에서는 소수를 배제하고 다수세력의 독과점을 지원하는 제도가 되고 있다. 지난 17대 국회 3년 동안 열린우리당과 한나라당, 두 교섭단체가 국고보조금의 50%를 우선 독점했다. 나머지 50%의 보조금도 교섭단체를 포함한 원내세력들이 의석수 비율로 배분받는다.

거대세력의 대권 싸움으로 이끌고 있는 현 한국의 정당정치 환경 자체가 근본적으로 소수세력의 성장을 억압하고 있다. 다수세력은 선거운동 등 원외활동에서는 정당에 대한 특권으로 지원받고, 원내에서는 교섭단체 제도로 지원받고 있다. 우리나라는 정당중심제가 아니라 대통령 중심제인데도 정당을 특별히 지원하고 있다.

국가의 제도를 통해 정당과 교섭단체를 이중으로 지원하는 나라는 별로 없다. 교섭단체 제도를 도입하는 나라들에서도 소수세력의 진입장벽을 최소화하고 있다.

17대 국회 초반에 여당 의원들의 일부가 교섭단체의 구성 요건을 10명 또는 그 이하로 줄이자고 했으나 유야무야되었다. 민주당의 손봉숙 의원 등은 교섭단체 제도 자체를 아예 폐지하자고 주장하기도 했다.

이번에도 지난 7일 원외정당인 한국 사회당이 교섭단체 제도를 아예 폐지해야 한다는 성명을 발표했다. 또 다른 특권을 좇아 원내 교섭단체를 구성하는 탈당세력의 정치행태를 비판하는 데서 출발하고 있다. 현행 교섭단체 제도가 특정 정당의 특권을 지원하고 국민주권의 실현을 제약하고 있다고 지적한다. 많은 부분에 일리가 있다. 그동안 교섭단체가 원래의 취지대로 타협과 조정의 창구 역할을 하기도 했지만, 그보다는 정쟁의 주범으로 인식된 것도 사실이다. 물론 이런 비생산적 정쟁의 1차적인 원인이 교섭단체 제도에 있는 것은 아니다.

그렇지만 교섭단체가 국민주권의 실현에 기여하는 것에 비해 과도한 특혜를 받는 것은 분명하다. 더구나 정당에 대한 특혜와 맞물려 거대세력에게는 부익부를, 소수세력에게는 빈익빈을 만들고 있다. 한때 도입된 구시대의 제도가 검증되지 않은 채 기득권을 강화하는 방향으로 유지돼온 것이다. 기득권 세력에게 차별적인 특혜를 주는 현재의 정당과 교섭단체 제도에 대한 근본적인 검토가 필요하다.

구호만 난무하는 민생정치

아파트 분양원가 공개를 포함한 주택법 개정 법률안이 통과되지 않은 채 다시 논란이 되고 있다. 법률안이 표류할 경우 진정 기미를 보이던 집값 폭등이 재연되지 않을까 우려하는 목소리도 크다. 주택법 개정안을 지지하는 시민단체들은 개정안에 반대하거나 소극적인 한나라당을 성토하고 있다. 한나라당에서는 국회의원 3명이 삭발까지 했다. 물론 주택법 개정안 때문은 아니다. 사학법 재개정에 대한 결연한 의지를 보여주기 위해 삭발을 했다고 한다.

법률안이나 정책 우선순위에 대한 시각은 다를 수 있다. 그런데 우리 정치권은 모두 민생정치를 내세웠다. 최근 들어 한나라당은 '민생 최우선'을 강조해왔다. 1월에는 홍준표 의원의 '반값 아파트'를 당론으로 채택해, 민생 정당을 과시하고자 했다. 지난 2월 9일 대통령과의 회담에서는 명칭을 이른바 '민생회담'으로 규정해냈다. 집권세력의 민생 실패를 지적하고 자신들을 차기 대안세력으로 부각시키려는 목적이기

---

* 2007년 2월 27일, CBS 뉴스해설

도 했다. 그러나 민생 최우선이라는 구호와 달리, 사학법을 다시 개정하겠다는 삭발의지 속에 민생법안 처리가 발목이 잡힐까 우려된다.

열린우리당은 이번 임시국회에서 민생법안을 통과시키는 데 총력을 기울이겠다고 한다. 탈당파들도 예외없이 민생을 내세우고 있다. 통합신당모임은 민생, 평화, 통합을 구호로 내세워 민생을 맨앞에 두고 있다. 또 다른 탈당 그룹은 아예 명칭을 민생정치모임으로 했다. 탈당과 분열을 하면서도 민생정치의 길은 함께 간다고 선언했다. 그러나 옛 열린우리당 의원들 간에도 주택법 개정안에 대한 태도가 다르게 나타나고 있다. 통합과 당 재정비 논란 속에 있는 민주당에서는 민생문제 구호조차 눈에 띄지 않는다. 그나마 민주노동당이 민생정치 현장에 대한 관심을 놓치지 않으려 하고 있다.

노무현 대통령까지 가세했던 이른바 진보논쟁이 여전히 이어지고 있다. 민생을 위한 진보논쟁이지만, 어려운 추상적인 담론들이 압도하는 가운데 민생문제는 비켜서 있다. 또 한편에서는 민생과 유리된 정치게임을 보완해야 할 시민사회 세력의 일부까지도 대선정국의 정치게임에 합류하고 있다. 정치권력 게임은 민생정치를 담지 못한 채, 구호만 난무하는 꼴이다.

정부와 국회가 민생정치에 주력해야 하는 것은 당연하다. 그럼에도 굳이 민생정치가 구호로 등장하는 것은 오히려 민생정치와 유리된 최근의 한국 정치의 현실을 말해주고 있다.

구심점을 잃은 채 때늦은 대통합을 외치는 여당 세력들의 책임이 무엇보다 크다. 이번 임시국회에서는 한나라당의 역할도 중요하다. 만일 주택법 개정안 등이 사학법 재개정의 연계전략 때문에 표류하게 된다면, 한나라당을 민생 최우선 정당이라고 할 수는 없을 것이다.

국회 파행, 근본적인 처방이 필요하다

27일 국회는 새해 예산안을 의결하고 2006년도 전 회의일정을 마감했다. 현 정당체제로서는 마지막 정기국회가 될지 모르겠다. 새벽까지 본회의를 열어 예산안을 통과시키는 수고를 했지만, 이 또한 파행 국회의 현실을 보여주는 것이었다. 그동안 여야 대립과 정쟁으로 국회가 파행 운영되면서 예산안 처리 일정을 넘기고 새해가 다가오는 상황에서 어쨌든 새해 예산을 확정해야만 했다. 시간에 쫓긴 졸속처리와 나눠먹기 예산의 폐해도 작지 않을 것이다.

국회 운영의 장기파행과 이에 따른 문제는 매년 지적되어온 바이다. 지난 9월 정기국회를 앞두고 여야 정당은 민생국회와 생산적 참정치를 표방하면서 이제는 다른 모습을 보여주겠다고 했다. 또 다시 빈소리가 되고 말았다. 정기국회를 일정대로 운영하지 못하고 종료 후에 다시 임시국회를 여는 모습도 반복되었다. 이번에는 그 임시국회마저도 성과를 거두지 못해 하루짜리 임시국회를 다시 열어 예산안을 최

* 2006년 12월 28일, CBS 뉴스해설

종 처리했다.

예산안뿐 아니라 중요한 쟁점이 되리라 했던 다른 사안들의 처리도 입법부 역할의 장점을 살리지 못했다. 중요한 사안들이 슬며시 처리되거나 벼락치기로 통과되는 경우가 많았다. 여당이 주도하여 반대했던 이라크 파병 연장안은 어느 날 슬며시 연장 동의로 통과되었다. 비정규직 관련 법의 처리도 지난 2~3년의 논란과정이 있었다고 할지라도 국회의 입법과정이라고 하기에는 너무 벼락치기 통과였다. 사학법 재개정 문제는 여전히 과제로 남아 있는 셈이다.

사실 우리 국회의 파행 배경에는 의회정치를 대통령 권력을 둘러싼 권력투쟁으로 만들고 있는 현행 한국 대통령제의 특성이자 한계가 작용하고 있다. 그래서 여야 간 정쟁이 국회 정치과정을 주도하면서 결과적으로 국회의 제도적 기능을 약화시키고 있다.

알다시피 권위주의 정권 시기에 우리 국회는 정권의 거수기 역할을 했다. 그러나 민주화 이후에도 독재정권 시기의 의회 구조가 별로 바뀌지 않은 상태이다. 여당은 여전히 대통령에 종속되어 있다. 대신 민주화 이후에는 야당의 역할이 살아나 결국 여야 간 정권 대리전이 되고 있다.

이제 우리나라 의회정치와 국회 기능에 대한 근본적인 성찰과 처방이 필요할 때이다. 정당과 국회의원들의 각성을 촉구하는 것만으로는 어렵다. 비현실적인 비판만 반복하다 보면, 현실의 개선은 이루지 못한 채 정치에 대한 냉소만 확대재생산시킬 수도 있다. 이제 정부와 국회의 관계, 여당과 대통령의 관계, 국회의원의 책임 등을 제도적으로 재설정하는 작업이 필요한 시점이다.

■ ■ ■ 정치적 비판과 냉소

어느 나라든 사회적 불신이 가장 많은 직업군으로 정치인이 꼽힌다. 또 그 나라 정치의 한계를 대개 정치인 탓으로 돌린다. 정치인들의 사리사욕, 기만이 없을 리 없다. 더구나 권력자인만큼 일상인들과는 다른 더욱 엄격한 잣대와 감시가 필요하다. 그러나 정치와 정치인에 대한 비현실적이고 획일적인 비판이 정치적 냉소를 만들고 있다는 점도 지적되고 있다. 특히 민주주의는 시민의 참여와 신뢰 속에서 작동하는데, 무책임한 냉소는 오늘날 민주주의의 동력을 약화시키는 요인의 하나라는 것이다.

스토커(Gerry Stoker)는 특히 미디어가 냉소를 조장하는 역할을 하고 있다고 한다. 미디어는 다양하고 복잡한 정치의 세계를 자신의 입맛에 맞게 단순화시켜 무조건적으로 비판하는 경향이 있다. 단순화시키는 과정에서 사실, 해설, 성찰을 혼용시켜 현실 정치에 대한 냉소적 문화를 만든다. 이것이 저널리즘의 특성이자 문제라고 스토커는 말한다(Gerry Stoker, *Why Politics Matters*, Macmillan, 2006, 12, 118~131). 정치권력과 경쟁관계 때문에 미디어가 정치와 정치인들을 폄하하는 경향도 있다고 지적한다. 정치인을 폄하하면 할수록 미디어 권력 영역은 커지기 때문이다. 우리나라도 민주화 이후 상당 기간 그랬다.

민주화와 함께 독재정권이 퇴출되었으나, 이를 대체한 것은 민주화 정권만이 아니었다. 민주화 정권이 독재정권보다는 더 나은 정당성을 확보했지만, 여전히 불만과 비난의 대상이 되어왔다. 정치권 스스로의 책임이 크지만, 정치에 대한 관성적 비난과 미디어 권력의 무책임한 횡포가 조장한 점도 작지 않다. 민주화 정권의 취약한 정당성에서 상대적으로 힘을 발휘했던 것이 언론과 시민사회운동 단체였다. 이들이 정치권력보다도 더 정당성을 가진 것처럼 영향력을 행사했다. 그러나 이제는 언론과 시민사회 단체가 보편적 공익을 대표하고 있다고만 보지 않는다. 언론 권력에 대한 비판도 제기되고 있으며, 과잉정치화된 시민사회 단체도 보편적 신뢰를 상당히 상실한 상태이다. 민주화 이후 독재정권을 대체하는 사회통합의 새로운 구심점이 모색되는 전환기를 겪고 있다.

새로운 대안은 정치인에 대한 비난으로 만들어지는 것이 아니다. 정치인들에 대한 감시와 비판은 건강한 정치의 중요한 요소이다. 그러나 정치에 대한 무책임한 냉소가 민주주의의 동력을 굴착시키는 요인이 될 수 있다는 지적도 간과할 수 없다. 이 점에서 정치인들의 행위가 공익적 결과를 가져오도록 하는 게임규칙과 환경을 마련하는 것, 즉 제도와 구조를 개혁하는 일에도 주목해야 한다.

제7장
실제 총리, 어울림의 총리

그 동안 노무현 정부의 총리들은 각기 다른 특성을 보여주었다. 맨 처음 총리를 맡았던 고건 전 총리는 내각의 주요 요직을 두루 맡는 등 관료로서 경험도 많고 이른바 성공한 관료 출신이다. 김대중 정부에서는 여당 후보로 서울시장에 출마해 당선된 바 있다. 그래서 국정운영에서 안정감을 보태줄 수 있는 총리로 기대됐고, 실제로 안정적 국정운영에 보탬이 됐다는 평가이다. 노무현 대통령이 직무정지가 됐던 2004년 탄핵정국에서는 2개월여 동안 대통령 직무대행을 했다. 사임과정에서는 노 대통령과의 불화가 표출되기도 했다.

고건 총리에 이은 이해찬 총리는 이른바 '실세 총리'로 언론에서 인용되었다. 힘 있는 총리, 강한 총리라는 것이었다. 노 대통령은 당초에 김혁규 의원을 고건 총리 후임으로 임명코자 했으나 좌절되었다(이 책의 「무리하게 시도하는 김혁규 총리 지명」 참조). 그래서 이해찬 의원이 급하게 대체·임명된 인상도 있었다. 그를 실세 총리로 규정하게 된 배경에는 노무현 대통령과의 사적 인연도 있었지만, 논리싸움과 자기주장에 강한 이 총리 개인의 특성이 크게 반영됐을 것이다. 이 총리는 야당의 공세에 정면으로 맞대응했고, 때로는 이것이 야당의 강한 반발을 초래하면서 국회의 공전으로 이어지기도 했다.

이해찬 총리에 이은 한명숙 총리는 한국 최초의 여성 총리이다. 민주화 운동과 여성 운동의 오랜 활동 경력을 바탕으로 정당에 영입돼 정치적으로 성장한 경우이다. 실세 총리로 불렸던 전임 이해찬 총리에 비해 화합의 리더십을 강조했다. 그가 취임사에서 강조했던 '어울림의 항해'라는 말이 기억에 남는다. 대선 국면에 접어든 2007년 3월 국회로 돌아와 차기 대선 출마를 선언하고 활동하고 있다.

한명숙 총리에 이르기까지 3명의 총리가 모두 17대 대선 출마를 선언했다. 한때 대선 후보 지지율 1위를 달리기도 하면서 맨 먼저 대선 후보로 주목을 받았던 고건 전 총리는 2007년 1월 정치일선 은퇴선언과 함께 출마를 포기했다. 이해찬, 한명숙 전 총리는 2007년 7월 현재 노무현 정부의 공과를 책임지겠다며 열린우리당의 예비후보로 나서고 있다.

총리의 개인적 특성에 따라 총리가 국정에 미치는 영향도 당연히 다를 것이다. 그럼에도 한국의 정부권력 구조에서 총리의 위상은 현실적으로 한계가 있을 수밖에 없었다. 이 때문에 책임총리제의 운용이 나오기도 했고, 근본적인 권력구조 개편이 제기되기도 했다. 노무현 대통령은 후보시절에 권력구조 개편을 위한 개헌에 소극적으로 반응하면서 운용에 있어서 책임총리제의 실시를 주장했다. 집권 중반기까지도 이런 입장은 계속됐다. 그러다 집권 말기에 들어 개헌을 제안하는 가운데, 권력구조 개편 문제를 거론했다. 이후 2007년 7월 17일 제헌절 담화에서는 '내각제로의 개헌'이라는 정부권력 구조의 근본적인 개편이 필요하다고 말한다.

■ ■ ■ 노 대통령과 고건 총리의 갈등

노무현 대통령 체제에서 첫 총리를 역임했던 고건 총리는 사임과정에서 청와대와 갈등을 보이며 2004년 5월 25일 사임했다. 이후 고건 전 총리는 유력한 차기 대통령 후보의 한 사람으로 떠올랐는데, 2006년 말 노무현 대통령은 고 총리의 활동에 대해 비판적인 평가를 내린다. 노 대통령이 고건 총리를 기용한 것을 실패한 인사로까지 규정하는 극단적인 비판을 가하고, 고총리는 이를 반박하며 다시 충돌한다. 그로부터 10여 일 후 고 총리는 차기 대선 출마 등 정치활동을 하지 않겠다고 밝혔다. 고 총리 자신을 둘러싼 여러 정치 환경이나 개인사정 등이 정치 일선에서 퇴진케 한 요인이었으나, 일부에서 청와대와의 갈등도 한 요인이었다고 해석하기도 했다.

고 총리는 헌재에서 탄핵 심판이 기각으로 결정난 2004년 5월 14일 사의를 표명한 이후 5월 25일 전격 사임했다. 청와대는 고 총리가 사의를 표명한 이후 사임하기 전에 세 부처의 장관에 대해 추천권을 행사해주길 바랐다. 물론 총리의 추천권은 대통령이 염두에 둔 인사에 대한 형식상의 추천권이었다. 고 총리는 퇴임하는 총리가 새로운 내각 구성에 추천권을 행사하는 것이 적절하지 않고 위헌의 소지도 있다며 고사했다. 그럼에도 청와대에서는 내각 구성의 편의를 위해 추천권을 행사해주길 반복 요청했다. 일종의 압력으로 느낀 고 총리는 원래 예정했던 사임 일정을 앞당겨 사임서를 전격 제출하고 물러났다.

청와대가 물러나는 고 총리에게 내각 추천을 강하게 요청했던 배경에는 김혁규 총리 동의안의 국회 통과가 만만치 않으리라는 점을 예상했기 때문이었다. 그러나 여당의 의장을 역임했던 정동영, 김근태 등을 장관으로 임명하는 반면, 상임중앙위원인 김혁규 의원이 오히려 이들을 통괄하는 국무총리로 임명되는 무리수를 숨기려는 음모적인 의도도 있었던 것으로 생각된다. 서로 다른 이유 때문에 야당은 물론 여당 일부에서도 김혁규 총리 임명을 반대했고, 노 대통령은 김혁규 카드를 포기하고 대신 이해찬 의원을 총리로 지명하여 이른바 '실세 총리' 이해찬 총리 시대가 열린다.

고건 총리와 청와대의 갈등은 대통령 직무 대행 시절부터 있었다는 해석도 있다. 노무현 대통령에 대한 국회의 탄핵이 결정된 다음날인 3월 13일부터 헌재의 기각 결정이 내려진 5월 14일까지 노 대통령의 직무가 정지되었다. 이 기간 동안 고건 총리가 대통령 직무를 대행했다. 고총리의 직무대행 역할에 대한 평가는 아주 좋았다. 2004년 3월 30일의 한국갤럽의 여론조사에서는 고건 직무대행에 대한 긍정적인 평가가 73.1%에 달했다. 직접 비교할 자료는 아니지만 탄핵 직전 노무현 대통령의 직무수행에 대한 긍정적인 평가는 25% 내외였다. 이는 한때 그를 유력한 차기 대권 후보로 인식하게 만드는 중요한 배경이 되었다.

그러나 노무현 대통령은 2006년 말 고총리와 갈등 과정에서 고건 당시 직무대행의 역할을 시원찮은 것으로 평가했다. 이 시기 고총리는 탄핵 반대 촛불시위의 불법성을 지적하는 등 탄핵정국의 중립적 관리를 강조했다. 노무현 대통령 진영에서는 노 대통령에 비해 높은 지지도와 노 대통령 편을 들지 않는 중립적 국정운영에 대해 불만이 있었다는 것이다.

대통령과 총리의 역할 분담론

노무현 대통령이 새로운 국정운영 방식을 표방했다. 앞으로 일상적인 행정업무는 총리가 책임지고, 대통령은 중장기적인 국가발전 전략과제를 챙기겠다는 것이다. 명실상부한 책임총리제와 역할 분담을 통해 대통령이 정쟁으로부터 벗어나겠다는 취지라고 청와대는 밝히고 있다. 하지만 한나라당 등에서는 오히려 대통령의 책임을 회피하려는 국면전환용이라고 비판하고 있다.

당장은 이해찬 총리의 역할이 커질 것으로 보인다. 이 총리는 어제 국가적인 관심사인 수도이전 지역 확정 내용을 직접 발표했다. 수도이전 확정 발표 유보 요구에 대해서는 법치주의와 연기에 따른 후보지역의 혼란을 들어 단호하게 거절한 바 있다. 앞으로 수도이전 문제를 둘러싼 논쟁이 더 거세질 것이다. 이 과정에서 대통령 대신 이해찬 총리와 열린우리당이 전면에서 대응할 것으로 보인다.

분명 대통령의 국정운영 방식에서 변화는 필요하다. 대통령이 정쟁

---

* 2004년 8월 12일, CBS 뉴스해설

의 중심에서 벗어나야 한다는 청와대의 인식은 매우 타당하다. 그러나 대통령은 잘하고 있는데, 야당이나 일부 언론이 정쟁을 일으킨다는 대통령과 청와대의 인식은 잘못된 것이다. 어쨌든 대통령이 전면에 나서는 일이 줄어든다면 대통령을 둘러싼 정쟁도 줄어들지 모른다.

그러나 대통령을 둘러싼 정쟁이 일상적인 행정업무를 둘러싸고 일어났던 게 아니라는 것은 다 아는 사실이다. 일상적인 행정업무를 총리가 책임지는 문제와 정쟁을 줄이는 것과는 크게 상관이 없을 수 있다. 어제 총리가 발표한 수도이전 문제도 일상적인 행정업무가 아니라 앞으로 대통령이 직접 챙기겠다는 참여정부의 중장기적인 국가전략 과제이다. 이 점에서 볼 때 역할분담론이 총리를 앞세워 수도이전 문제 등 논란이 되는 문제들을 밀어붙이기로 추진하려는 전략이라는 비판을 면하기 어렵다.

현재 우리의 대통령제에서 책임총리제는 국민에 책임지는 총리가 될 수 없다. 결국 대통령에 책임지는 총리체제이다. 어느 정치학자는 한국의 대통령이 제왕이자 포로라는 딜레마에 처해 있다고 표현한 바 있다. 대통령의 역할과 위상에 조정이 필요하다면 제도적 차원에서 개선을 같이 검토해보아야 한다.

중장기적인 제도 개혁 이전에 참여정부가 안고 있는 국정운영 방식에서 문제는 대통령의 권한집중 문제보다 대통령의 분파적이고 편협한 리더십에 있다고 본다. 대통령과 다른 의견을 가진 집단을 개혁대상으로 일방적으로 몰아붙이기보다는 서로 다른 의견을 경청하고 설득하는 자세가 우선 필요하다.

총리 사과 이후 국정책임, 여전히 집권세력에 있다

어제 이해찬 총리가 국민과 국회에 사과하면서, 지난 2주 동안의 파행국회가 마무리될 것으로 보인다. 물론 이후 국회 일정이 어떤 방식으로 진행될 수 있을 것인가는 아직 불확실하다. 총리가 사과하고 한나라당이 등원하기로 했지만, 여야 간의 적대적 대립의식은 그대로 남아 있다. 당장은 국가보안법 개폐 등 이른바 4대 입법을 둘러싸고 여야 간의 입장이 국회에서 첨예하게 대립하고 있는 상황이다.

어쨌든 한나라당의 국회 등원과 국회 일정의 정상화 시도는 환영할 일이다. 사실은 환영할 일이라기보다 당연한 일이다. 오히려 그동안의 파행 국회에 대한 당사자들의 진지한 반성이 있어야 한다.

새해 예산의 심의를 포함하여 600여 건이나 되는 의안을 두고 있는데, 정기국회 일정은 한 달밖에 남지 않았다. 남은 일정 동안 국회가 역할을 제대로 하기 위해서는, 여야 간에 합의 가능한 의안부터 처리하겠다는 원칙을 천명해야 할 것이다. 이 점에서 예산안 처리를 먼저

* 2004년 11월 10일, CBS 뉴스해설

했으면 한다.

4대 법안의 경우도 첨예하게 대립하는 것 같지만, 부분적으로 타협할 여지도 있다고 본다. 그런 후에도, 타협이 불가능하다면 국회의 원칙에 따라 처리하면 된다. 타협에 의한 처리든 원칙에 의한 처리든 기본적인 전제는 국민 다수가 공감하는 방향이 되어야 한다는 점이다.

이해찬 총리 사과 후에 여권은 이제 공이 야당에 넘어갔다고 했다. 그러나 국회 정상화 이후 주도권과 책임은 여권에 있다. 이 점에서 집권세력의 국정에 대한 인식과 운영방식에서 변화가 절실하다. 이번 국회 파행은 국무총리와 한나라당의 충돌로 나타났지만, 근본적으로는 노무현 정부의 국정운영을 둘러싸고 나타난 문제의 하나이다.

여권에서는 국정파행의 책임으로 '야당의 발목잡기'라는 말을 여전히 쓰고 있다. 그러나 17대 국회에서는 여당인 열린우리당이 과반수를 차지하고 있다. 국민 다수가 공감하는 정책을 수행한다면 야당에 발목을 잡힐 일이 없다. 야당과 최대한 협의를 해야 하지만, 불가능하다면 국회의 의사 원칙대로 처리하면 된다. 문제는 국민 다수가 얼마나 공감하느냐에 있다. 과반수 정당임에도 국회운영이 어렵게 된 이유는 야당의 발목잡기가 아니라 여론에 호응하지 못하는 여권의 행동에 있다.

노무현 정부는 집권세력만이 개혁의 주체라고 생각하면서, 비판세력이나 비판여론은 개혁의 대상, 수구세력, 기득권 세력으로 몰아붙여 왔다. 그 결과 실질적인 개혁의 추진보다 정쟁의 확대와 국론분열, 그리고 정권에 대한 지지의 추락으로 이어졌다. 상대 세력과 국민 다수를 포용하는 집권세력의 리더십이 절실하다. 그래야 개혁을 구호로 내건 정쟁과 권력투쟁만이 아니라 실질적인 개혁도 추진할 수 있다.

한명숙 총리 체제, 어울림의 항해를 기대한다

한명숙 총리가 오늘 공식 취임한다. 언론과 각계에서는 최초의 여성 총리 탄생이라는 말을 빠뜨리지 않고 있다. 한명숙 총리 체제의 출현은 여성의 정치적 지도력이 증대하는 한국 사회 현실을 반영한 것이라 하겠다. 또한 이번 한 총리 체제가 한국 사회 여성의 정치적 역할을 증대시키는 새로운 계기가 될 수 있을 것이다. 물론 한 총리에 대한 기대와 평가의 핵심은 총리로서의 역할이 되어야 한다.

한명숙 총리는 국회의 임명동의를 받은 직후, 통합과 조정자로서의 역할을 강조했다. "여당과 야당, 우리 모든 국민이 함께 타고, 서로 화합하고 이견을 조정해내는 어울림의 항해를 하고 싶다"는 역할을 밝혔다. 사실 국가지도자의 핵심 기능은 다양한 국가 구성원들의 이해관계를 조정하고 통합하는 것이다.

유감스럽게도 노무현 대통령은 사회를 통합하는 리더십을 발휘하는 데 성공적이지 못했다. 노 대통령과 역할 분담을 했던 전임 이해찬

---

* 2006년 4월 20일, CBS 뉴스해설

총리도 이를 크게 보완하지는 못했다. 이해찬 총리의 경우 국정장악 능력은 보여주었지만, 반대세력을 포용하는 모습을 보여주지는 못했다. 오히려 나서서 그들을 공격했다. 이런 점에서 '어울림의 항해'라는 한명숙 총리의 역할 설정은 아주 적절해 보인다. 대통령의 총리 지명 배경이나 국회 인사청문회에서 좋은 평가를 받았던 한 총리의 포용적 이미지도 이런 역할 수행에 긍정적인 요소가 될 것이다.

물론 향후 국정상황이 간단치는 않다. 당장 지방선거를 앞두고 있고, 지방선거 이후에는 사실상 17대 대선국면으로 나아가게 된다. 선거국면일수록 정치세력 간의 직접적인 대립과 갈등이 두드러진다는 것은 우리 모두 알고 있다. 많은 사람들은 지방 선거 이후 정계개편의 소용돌이를 예상하고 있다.

더구나 대통령제인 우리 체제에서 총리의 역할은 기본적으로 한계가 있다. 지방선거 이후에는 여권 내부도 차기 대권주자 세력 등이 가세하면서 복잡한 구도가 될 것이다. 당장 문제가 되고 있는 한미 FTA 문제 등 갈등적인 정책에 대한 조정 능력도 기다리고 있다. 행정부의 수장으로서 국정장악 능력도 변수가 될 것이다.

한 총리 체제에 대한 기대도 있고 어려운 정치상황도 예상된다. 어울림의 항해를 이끌겠다는 한명숙 총리의 초심이 현실화되길 진심으로 바란다.

퇴임하는 한명숙 총리, 어울림의 항해를 돌아본다

"어울림의 항해를 계속해나가자."

지난해 4월 20일 한명숙 총리가 취임사에서 했던 말이다. 언론들에서 '말, 말, 말'로 소개하기도 했다. '어울림의 항해'는 공직자, 정치권, 사회 각계각층이 더불어 노력해 나가자는 뜻이기도 했고, 그가 지향하는 포용과 조정의 리더십을 말하는 것이기도 했다.

한 총리가 오늘 10개월 반 정도의 항해사로서의 역할을 마치고 국회와 당으로 복귀한다고 한다. 우리나라 대통령제에서 국무총리의 역할이 한계가 있을 수밖에 없다는 점을 고려한다면, 한 총리의 역할에 대해서는 호의적인 평가를 하고 싶다.

임명 당시에 최초의 여성 총리라는 환영과 기대가 있었지만 우려도 없지 않았다. 그러나 지난 10개월여의 활동에서는 여성으로서 한계보다 소통과 포용의 리더십이 오히려 돋보였다. 반대세력과 자주 충돌해온 노무현 대통령이나 이전의 총리와 대비되는 점이기도 했다. 소통과

* 2007년 3월 7일, CBS 뉴스해설

포용의 리더십이 중심이 되었지만, 각료들의 부적절한 행동에 대해서는 강단 있게 통솔하는 능력을 보여주기도 했다. 소통과 조정의 리더십은 노무현 정권에서 보완해야 할 과제였다.

물론 한 총리의 역할이 노무현 정권의 역할 수행이나 평가에 미치는 영향이 클 수는 없다. 기본적으로 우리나라 대통령제의 특성이자 한계에서 비롯된 것이다. 가끔 책임총리제 이야기도 나오지만, 제도적으로 현실적으로 총리가 대통령에 책임지게 되어 있다. 총리는 대통령을 보조하는 역할을 한다. 책임은 없으면서 대통령 대신 가끔 국회에 나와 국회의원들로부터 호통을 듣기도 한다.

대통령이 하는 대로 맞장구치면서 강한 역할을 하면 총리가 부각될 수 있지만, 조정자 역할을 하면 주목받기 어려운 구조이다. 이 때문에 한 총리의 역할이 너무 소극적이라는 평가도 있다. 최근에는 대통령의 개헌 제안을 그대로 받아 헌법개헌추진단을 설치해 논란이 되었다. 더구나 개헌추진단을 제대로 가동하기도 전에 추진단을 주도한 총리가 사퇴하는 셈이다. 개헌에 초점을 두든, 당 복귀에 초점을 두든 너무 정치전략적인 행보가 아니냐는 비판에도 일리가 없지 않다.

한국 대통령제의 특성 속에서 총리가 주도하는 항해의 폭과 추진력은 한계가 있을 수밖에 없었을 것이다. 이런 가운데서도 한명숙 총리의 활동은 적어도 정치지도자로서 여성의 역할 확대에 좋은 경험적 계기를 만들었다고 본다. 퇴임하는 한 총리에게 박수를 보낸다.

집권여당 진영은 정치권으로 돌아가는 한 총리의 역할에 기대를 하는 것 같다. 한 총리의 정치적 역할이 집권여당의 위기 속에 함몰될지, 위기 탈출의 새로운 계기를 만들지 두고 볼 일이다. 다만 현재 집권여당의 과오나 문제점이 적당한 이벤트를 통해 해결될 수 있는 것이 아니라는 점을 간과해서는 안 된다.

민노당의 17대 대선 예비후보의 한 사람인 심상정 의원은 총리로서 독자적인 역할을 한 것이 별로 없다는 관점에서 한명숙 전 총리를 비판했다. 2007년 7월 29일 ≪오마이뉴스≫ '대선주자 릴레이 인터뷰'에서 그는 "후보 개인은 존경할 만한 인생을 살아왔다. 하지만 국무총리로서 보여준 국정운영은 실망스럽다. 노 대통령의 정치와 다른 개인의 자질을 보여주었는가. 여성 운동을 오래 해왔으면서도 KTX 여승무원 문제와 같은 너무나 명명백백한 아픔도 하나 해결하지 못하지 않았나. 노무현 정치와는 다른 특별한 비전과 추진력을 제시하기 어렵다고 본다"고 평했다.

제8장
노무현 정권과 혼돈의 호남정치

노무현 대통령은 호남의 절대적인 지지로 당선되었다. 노 대통령이 민주당 소속의 후보였고, 민주당의 지지기반이 호남이었기 때문에 당연한 결과였다고 할 수 있다. 여기에 민주당 후보로서 노무현 개인에 대한 지지도 더했을 것이다.

노무현 후보를 지지했던 전체 유권자를 생각한다면, 호남의 지지가 노무현 후보 당선의 절대적인 기반은 아니라고 생각할지 모른다. 그러나 지지자 수에서 가장 비중을 차지했던 수도권에서의 지지 역시 호남 출신 유권자의 몫이 절대적이었다. 결국 공간적 차원에서 본다면 90% 이상의 지지를 보낸 호남 출신 유권자를 핵으로 하고 행정수도 이전 공약과 함께 상대적인 우위를 점한 충청권의 지지를 바탕으로 당선되었다고 할 수 있다.

집권 이후 노 대통령과 호남의 관계는 새로운 상황을 맞게 된다. 그중 가장 큰 요인은 민주당의 분당이었다. 분당에 대해 어떤 입장을 보이느냐에 따라 노무현 정권에 대한 태도가 달라질 수밖에 없었다. 호남의 지지는 민주당과 새로운 집권여당인 열린우리당으로 갈라졌다. 열린우리당 지지의 배경에는 민주당에 대한 비교우위의 선택이 있었지만, 집권여당 프리미엄이 컸다.

노무현 정권에 대한 비판적 분위기가 커질수록 열린우리당에 대한 지지도 떨어질 수밖에 없었다. 이에 따라 호남 지역에서 민주당에 대한 지지가 상대적으로 증가했다. 그러나 열린우리당에 대한 이탈표가 민주당에 그대로 흡수되지는 않았다. 민주당은 분당과 탄핵정국을 거치면서 군소정당화된 후유증을 극복하지 못했다. 결국 분당과 열린우리당의 실패로 호남 지역은 혼돈 과정을 겪게 된다. 이 혼돈 속에서 그동안 반대 진영으로 간주되었던 한나라당에 대한 지지가 조금씩 생겨나기 시작했다.

호남 정치의 혼돈은 노 대통령에 대한 기대와 현실의 괴리가 만들어낸 결과이기도 했다. 더 좁게는 지역주의에 대한 인식의 괴리가 있었다. 노 대통령은 지역주의에 정면으로 맞선 정치인으로 이미지화되면서 호남의 절대적인 지지를 받았다. 그러나 이 책의 여러 곳에서 지적했듯이, 노 대통령은 지역주의 구도에서 불리한 정치역정을 걸어오기는 했지만, 지역주의에 정면으로 맞선 정치인은 아니었다. 그러다 결정적인 순간에는 지역주의의 혜택을 가장 크게 본 대통령이 되었다. 노 대통령의 지역주의에 대한 인식은 사실상 한나라당과 똑같았다.

열린우리당 창당을 주도했던 세력은 호남의 민주당 지지에 균열이 생기고, 그에 따라 영남 지역의 한나라당 지지에 균열이 생기기를 바랐다. 그러나 민주당 지지에 균열이 생기고 혼돈을 겪고 있으나, 영남 지역의 강고한 지역주의는 별로 흔들리지 않고 있다. 호남 지역에서 이명박과 한나라당에 대한 지지가 눈에 띄지만, 영남 지역의 지지변동은 거의 보이지 않는다.

이런 상황을 두고 "호남의 이명박 지지가 통탄스럽다"고 열린우리당 창당 주역인 정동영 전 당의장은 말했다. 그러나 "호남에서 10석을 잃어도 영남의 1석을 얻는 게 중요하다"고 외쳤던 사람들이 바로 정 의장과 함께한 열린우리당 창당의 주역들이었다. 그들이 외친 대로라면, 절반의 성공은 거둔 셈이다. 그런데 통탄스럽다고 한다. 노무현 정부 집권 주도세력의 지역주의에 대한 잘못된 인식과 기만적인 권력투쟁 전략이 빚은 결과였다. 통탄스럽다면 자신들에게 통탄해야 할 일이다.

  이 장의 칼럼들은 광주 지역의 신문 《광주일보》에 게재했던 것들이다. 지역 독자들을 대상으로 하는 만큼 호남 지역 문제에 초점을 맞춘 내용이다. 그리고 노무현 정권 말기 김대중 전 대통령의 행보는 노무현 정권의 분당 과정에 이어 또 한번 호남정치를 혼돈으로 몰아간다. 그의 아들 김홍업의 전략공천으로 구체화되기 시작했던 김대중 전 대통령의 행보에 대한 논란은(이 책의 「4·24 재보선의 유시민과 4·25재보선의 김홍업」 참조), 민주당이 제2의 분당에 이르는 이른바 대통합 추진 과정에서 더욱 가열된다. 김대중 전 대통령과 민주당을 적극 지지해온 남프라이즈 등 인터넷 사이트에서 김대통령에 대한 비판적 인식을 넘어 분노가 표출되기도 한다.

노무현 정권과 혼돈의 호남정치

대통령의 국정수행에 대한 지지도가 20%대까지 떨어진 노무현 정부에 대해 가장 높은 지지를 보내는 지역은 여전히 호남이다. 여전히 기대하기 때문인지, 90%대의 압도적인 지지로 당선시킨 책임의식의 발로인지, 아니면 한나라당은 지지할 수 없으니 어쩔 수 없이 지지하는 오갈 데 없는 지지인지 모르겠다.

그런데 분명한 것은 호남의 이런 지지경향이 과거 호남의 정치의식과는 차이를 보이고 있다는 점이다. 노무현 대통령을 당선시킨 16대 대선 때까지만 해도 호남의 정치의식은 우리나라의 민주적이고 비판적인 정치의식과 궤를 같이해왔다. 30~40대의 비판적인 지식계층과 호남의 정치성향이 유사했었다.

그런데 17대 총선 이후 한국 사회의 30~40대 지식계층이 점차 노무현 정부에 대해 부정적인 평가를 하는 세력이 된 반면, 호남은 여전히 노무현 정부를 지지하는 중심 지역이 되고 있다. 결과적으로 호남

* 2004년 12월 3일, ≪광주일보≫ 「테마칼럼-정치단상」

의 정치적 성향이 우리나라의 보편적인 정치의식으로부터 유리되는 경향을 보이고 있다.

물론 과거에도 호남의 정치적 태도는 여타 지역과 구분되는 경향을 보였다. 그러나 이 시기 호남의 정치적 태도는 민주화나 진보와 같은 보편적인 명분을 가지고 있었다. 다만 지역감정의 구도에서 그것이 고립되어 나타났을 뿐이다. 그런데 최근의 고립은 보편적인 명분을 제시하기도 어려운 상황에서 나타나고 있다. 노무현 정부의 혼돈 속에 호남의 정치의식도 혼돈을 겪는 것 같아 안타깝다.

김대중 전 대통령을 구심점으로 형성되어왔던 호남의 정치가 김대중 대통령 퇴임 이후 겪을 수밖에 없는 불가피한 측면도 있다. 그러나 김대중 대통령 이후 호남의 정치가 이런 혼돈에 빠지게 된 것은 그동안의 구심점이었던 민주당이 몰락한 반면 이를 대체할 수 있는 정치세력이 실종된 데서 비롯됐다. 물론 열린우리당이 민주당을 대체하고 오히려 확대 발전시킨 것이라며 출범했다. 그러나 열린우리당은 민주당을 노무현 중심체제로 재편한 것에 불과했다. 더구나 민주당을 계승한다고 했지만, 탈민주당이 열린우리당의 전략이었다. 지지는 민주당 지지세력에게 구하면서 탈민주당을 선언하는 어처구니없는 일이 현실로 나타났다.

호남 고립의 지역구도를 알고 있는 호남의 유권자들의 일부는 이에 호응하기도 했다. 따라서 같은 지지기반을 두고 민주당과 열린우리당이 경쟁하는 양상이었다. 그러다가 17대 총선에서 신집권세력의 권력효과와 탄핵 돌풍이 맞물리면서 열린우리당은 국회 과반수를 차지했고, 민주당은 군소정당으로 추락했다. 물론 열린우리당의 과반수 확보에는 호남의 지지와 행정수도 이전 기대감을 가진 충청권의 지지가 크게 기여했다.

그러나 17대 총선 이후 열린우리당에 대한 지지율은 점차 떨어져 지지율이 2위로 밀리기도 했다. 이런 가운데 호남 지역의 각종 재보선에서 민주당의 지지가 살아나는 반면 열린우리당은 전패하고 있다. 민주당 스스로 소멸되거나 흡수통합을 생각했던 열린우리당의 기대와 다르게 오히려 열린우리당이 위기의식을 느끼고 있다. 그래서인지 노무현 후보시절 민주당의 빚 40억 변제 요구에 비아냥거렸던 열린우리당이 최근에는 변제방안을 검토하고 있다고 밝히고 있다. 민주당의 소멸이 아니라 공존을 토대로 한 통합을 모색하는 것으로 보인다.

이념이든, 계급이든, 지역이든 자신을 제대로 대변할 정치세력이 없다는 것은 비민주적이고 불행한 일이다. 그동안 진보적 이념을 대변할 원내정당이 없어 안타까워했던 진보세력이 그랬다. 열린우리당의 변화를 기대할 수 있을지, 민주당이 변화된 시대 호남의 요구를 수렴할 의지와 능력을 갖추고 부활할 수 있을지, 아니면 제3의 정치세력을 기대해야 할지 두고 볼 일이다.

합당론 속내 들여다보기

열린우리당의 일부 인사들이 민주당과의 통합 가능성을 연일 흘리고 있다. 당장의 합당은 어렵지만, 연말쯤에는 통합될 수밖에 없을 것이라고 주장하는 사람도 있다. 민주당은 열린우리당의 통합론이 민주당 고사전략이라며 여권을 강력히 성토하고 있다. 심지어 오는 2월 3일 민주당의 전당대회에서 열린우리당과의 통합반대 결의문을 채택하겠다는 말까지 하고 있다.

지난해 말 열린우리당이 민주당과의 통합을 새해 정치전략의 하나로 기획한 것으로 보도된 바 있다. 그러다가 최근에 민주당 김효석 의원에 대한 교육부총리직 제의 파동을 거치면서 통합론이 다시 불거졌다. 노무현 대통령은 통합과는 무관하게 당파를 초월해 인재를 고루 등용하기 위한 것이었다고 한다. 그러나 매우 민감한 관계에 있는 민주당 인사를 정부 각료로 동원하면서 민주당과의 관계를 고려하지 않았다는 것은 거짓이거나, 상식을 벗어난 일이다.

* 2005년 1월 28일, ≪광주일보≫ 「테마칼럼-정치단상」

어쨌든 열린우리당은 민주당 스스로가 소멸되지 않는다면 앞으로 민주당과의 통합을 도모하려 할 수밖에 없다. 당의 재건과 부활을 도모하는 민주당 세력의 입장과는 반대인 셈이다. 물론 양당 내부에서도 성향과 입지에 따라 조금씩 차이를 보이고 있기는 한다.

현재처럼 열린우리당이 지지기반을 민주당과 분점하는 상황이라면 수도권에서 열린우리당 의원 누구도 재선을 확신하기 어렵다. 호남권 역시 그동안의 재보선에서 민주당의 우위가 연속적으로 확인되는 상황이다. 탄핵정국을 거치면서 17대 총선에서 원내 과반수를 차지한 정당이 되었지만 지지기반은 실종된 상황이다. 단지 행정수도 이전을 매개로 충청권의 지지만 간신히 확보하고 있는 상황이다.

이런 상황이 당장은 바뀌기 어려워 보인다. 때문에 오는 4월의 재보선에서 열린우리당의 의석 보전이 사실상 불가능하다는 것이 대체적인 견해이다. 이를 두고 노 대통령은 과반수는 숫자에 불과하고 국민의 대의를 받느냐가 중요하다고 말하고 있다. 그러나 오히려 상황은 반대이다. 대통령 권력을 장악하고 의회의 과반수를 차지하지만, 국민 다수의 지지를 못 받고 있기 때문에 문제이다. 따라서 열린우리당의 원내 의석 상실은 원내 숫자의 변화만 아니라 위기상황을 현실화시키는 것이 된다.

이런 위기상황은 노 대통령과 열린우리당의 지지 상실에서 비롯됐지만, 분열과 분당 이후 남아 있는 구조적 한계도 원인이 되고 있다. 분당과정에서부터 민주당과 열린우리당은 제로섬(zero-sum) 관계였다. 둘로 적당히 분열되어 있으면 둘 다 어렵고, 어느 한쪽이 죽어야 다른 한쪽이 살 수 있는 관계였다. 이런 점에서 당시의 분당은 양쪽 모두에게 바람직하지 않은 것이었다. 그렇지만 신집권세력은 권력투쟁을 거치면서 새로운 여당을 만들었다. 그리고 기존 민주당을 고사시키려 했다. 이것이 결국 탄핵정국으로 충돌했고, 탄핵정국을 거치면서 민주당은 거의 고사 상태가 되고 열린우리당의 독주체제가 되었던 것이다.

그러나 탄핵정국의 광풍이 지속되기는 어려운 상황에서 열린우리당은 지지의 추락과 함께 위기의식을 느끼고 있다. 이를 다시 민주당과의 통합을 통해 탈출하려 하는 것이다. 통합이 된다면 민주당을 대체하는 새로운 여당을 만들겠다던 노 정권의 애초 전략이 완성되는 셈이다. 통합이 되지 않더라도 통합론이 계속 거론되면 민주당을 사라질 정당으로 간주하여 유명무실하게 만드는 효과를 가져올 수 있다. 현재의 통합론은 진정한 통합을 도모하기보다는 사실상 민주당을 흡수통합하려는 것에 가깝다.

민주당과 열린우리당이 제로섬 게임을 통해 끝장을 보려는 구도로 갈 것인가, 아니면 새로운 방식의 통합을 추진할 것인가 두고 볼 일이다. 다만 분열되었던 두 정당이 다시 통합하려 한다면, 분열 과정에 대한 반성이 반드시 전제되어야 한다.

> ▪▪▪
>
> 민주당과의 통합이 이루어지지 않은 가운데 열린우리당은 이어진 재보선에서 계속 패배하고 국정 주도세력으로서 불안감이 증대하자 나왔던 것이 이른바 '대연정'이었다(대연정에 관해서는 이 책의 「한나라당이 아니라 국민에게 권력을 돌려주라」 참조). '분당'을 감수하고 열린우리당을 창당했으나 위기의식을 느끼자 다시 '통합'을 제기했고, 통합이 좌절되자 한나라당을 상대로 '대연정'을 제안한 것이다. 그러다가 열린우리당의 해체가 거론되는 총체적인 좌절 이후에

는 다시 '대통합'을 외치고 있다. '분당'과 '대연정' 주도세력은 노무현 대통령과 친노세력이었고, '통합'과 '대통합' 주도세력은 열린우리당 내부의 민주당 계열 세력이다. '분당 – 통합론 – 대연정론 – 대통합론'으로 이어지는 파동은 노무현 정부 집권세력의 상황 인식 변화를 보여주는 동시에, 친노세력과 민주당 출신으로 대별되는 열린우리당 세력의 주도권 변화를 보여준다.

참여정부의 균형정책, 균형감 있는가?

　며칠 전 한나라당 박근혜 대표가 호남고속철도의 조기 착공을 주장해 주목을 끌었다. 물론 야당 대표의 이런 발언이 당장 현실정책에 영향을 미치기에는 한계가 있을 것이다. 더구나 이해찬 총리는 지난 1월 14일 광주를 방문했을 때 호남고속철의 조기착공은 말할 것도 없고 건설 자체도 불투명한 것처럼 말한 바 있다. 한마디로 수지타산이 맞지 않는 정책이기 때문에 국민의 세금을 낭비할 수 없다는 것이었다. 정부의 계산법이 맞는지 모르나, 국민 다수의 반대에도 불구하고 행정수도 이전을 추진하는 것을 보면 참여정부 균형정책에 그렇게 균형감이 있는 것 같지는 않다.

　분권과 균형발전을 강조해온 참여정부의 분권과 균형정책이 매우 자의적이고 즉흥적이다. 그동안 노무현 대통령과 참여정부는 행정수도 이전을 지방분권 정책의 핵심으로 주장했었다. 행정수도 이전이 지방분권 전략과 전혀 무관한 것은 아니나, 행정수도를 충청권에 옮기는 것과 지방분권은 다른 차원의 문제였다. 얼마 전 노무현 대통령 스스로 행정수도 건설이 지방분권 전략이라기보다 수도권 과밀해소를 위한 대책이라고 고백했다. 그러면서 이미 30여년 전에 박정희 대통령이 행정수도 이전을 계획했다면서 그의 지도자적 혜안을 추겨세우기도 했다. 이 또한 아전인수이다.

알다시피 박정희 대통령의 행정수도 이전은 국가안보 차원의 접근이었다. 1975년 베트남의 수도인 사이공이 공산군에 점령되자 모든 국가체제가 함락되는 것을 보면서 국가안보 차원의 수도 재배치를 고려하게 되었다. 이때 박정희 대통령은 한국전쟁을 겪은 이승만 대통령이 어떻게 수도 서울을 그대로 두었는지 이해할 수 없다는 말까지 했던 것으로 전해진다. 다시 말해 행정수도 이전의 논리를 박정희 대통령의 계획에서 빌려오려면 그것은 지방분권이나 균형발전이 아니라 국가안보 차원에서 보아야 한다는 것이다.

노무현 대통령과 그 주변 인사들이 오래 전부터 지방분권을 강조해온 것이 사실이다. 특히 이들은 우리나라 지역갈등 문제를 영호남 등의 지역 간 갈등이 아니라 중앙과 지방의 문제라고 보았다. 영남권 인사들의 지역갈등 문제에 대한 대체적인 시각이기도 하다. 이런 견해를 가진 인사들이 노무현 정부의 권력과 국정기조를 주도하고 있다고 할 수 있다.

중앙권력을 향해 소용돌이치는 우리나라의 중앙집중 구조가 한국사회 지역갈등의 한 요인이자 무대인 것은 분명하다. 그러나 여기에는 지역 간 차별과 갈등 요인이 포함되어 있으며, 이것이 중앙권력을 둘러싸고 나타나고 있다. 서울 사람도 따로 있는 것이 아니라 각 지방출신 사람들이 모여 서울을 만들고 있다. 따라서 지역균형 전략에서는 당연히 중앙과 지방의 격차뿐 아니라 지역 간 격차 문제에도 주목해야 된다.

고속철이 되든 고속열차가 되든 호남고속철 문제를 포함한 호남권 개발은 차별해소와 균형발전이라는 측면에서 적극 고려되어야 한다. 호남권은 1968년 산업화 이래 인구유출이 가장 많은 지역으로 아직까지도 인구의 절대감소가 계속되고 있다는 사실이 호남의 현실을 바로 대변하고 있다. 현재 우리나라에 65세 이상의 인구가 20%가 넘는 초고령사회를 이루는 시·군·구가 30곳인데, 그중 9곳이나 전남에 집중되어 있는 실정이다.

차별해소를 통한 균형발전이 아니라 오히려 빈곤의 악순환이 반복되고 있다. 김대중 정부에서는 호남정권이라는 인식 때문에 호남차별해소 정책을 시행하기에 오히려 쉽지 않은 면도 있었다. 이런 점에서 영남 출신인 노무현 대통령은 자유롭다고 할 수 있다. 그런 점에서 기대하는 사람도 있었다. 그러나 지역갈등과 지역불균형 문제를 보는 데 지역 간 격차는 간과하고 중앙과 지방의 격차만 강조하는 것이 노무현 정권 주도세력의 기본 인식이다. 이런 가운데 광주문화도시나 J프로젝트 등이 호남권 지역개발 정책으로 추진되고 있지만, 지역균형을 위한 정부의 각종 재정투자에서도 지역 간 부익부 빈익빈은 여전히 반복되고 있다.

균형발전이 참여정부의 명실상부한 국정원리가 되기 위해서는 균형발전에 대한 인식부터 균형을 잡아야 할 것이다.

■ ■ ■ ■

　2007년 7월 30일 보건복지부에서 발표한 「광역단체별 빈곤율」 역시 그동안의 지표들에 나타난 지역 간 불균형 현상을 그대로 보여주고 있었다. 「월평균 소득이 최저생계비(41만 8,309원·1인 기준)에 미치지 못해 정부가 기초생활급여비를 지원하는 급여대상자의 총인구 대비 비율」을 말하는 빈곤율을 보았을 때, 고령 인구가 많고 산업 생산력이 떨어지는 전남과 전북은 상대적으로 가장 빈곤한 지역으로 나타났다. 빈곤율이 가장 낮은 지역은 울산시로 1.80%였고, 전남과 전북이 6.50%, 6.37%로 가장 높았다. 광역시에서는 광주시의 빈곤율이 가장 높았다. 전체적으로 울산 1.80에 이어 경기 1.90. 서울 1.97, 인천 2.65, 대전 3.07, 경남 3.43, 대구 3.74, 부산 3.75, 충북 3.83, 충남 3.95, 제주 4.02, 강원 3.26, 광주 4.32, 경북 4.75, 전북 6.37, 전남 6.50순이었다(한국일보 2007년 7월 31일자 참조).

민주당 제2의 분당과 서글픈 분노

김대중-호남-(민주당) 사이의 강한 유대감은 2003년 열린우리당 창당을 거치면서 흔들린다. 민주당의 주 지지층이 기존의 민주당과 새로이 창당한 열린우리당으로 나뉘게 된다. 같은 지지세력을 두고 경쟁한 두 정당은 제로섬(zero-sum)게임의 대결구도를 갖게 된다. 물론 지지자들까지 그렇게 적대적인 대립의식을 가진 것은 아니었다. 소수를 제외하고는 지지자들의 성향이나 정치적 태도가 비슷했다. 동일한 성향의 지지자를 두고 경쟁하기 때문에 오히려 두 정당 간의 경쟁이 치열했다.

민주당에 대한 호남의 지지는 사실상 김대중(DJ)에 대한 호남의 지지였다. 1971년 7대 대선 이래 형성돼온 DJ에 대한 호남의 열렬한 지지는 김대중의 집권 이후 약간 해소된 듯이 보였다. 그러나 2002년의 16대 대선에서 호남 지역은 사실상 DJ 정당이었던 민주당의 노무현 후보에 대해 90% 이상의 높은 지지를 보내 집중도를 보여준다.

그러나 민주당과 열린우리당으로 분당이 이루어진 가운데, DJ는 어느 쪽에 대해서도 분명한 입장을 취하지 않는다. 열린우리당은 집권 전반기 때 DJ와의 차별화를 시도하기도 했지만, 별 다른 반응을 보이지 않는다. 두 정당을 모두 포용하려는 자세이기도 했고, 대통령직 퇴임 이후 현실 정치에 개입하지 않는다는 원칙에 따른 행동으로 볼 수도 있었다.

이런 가운데서도 민주당은 DJ의 노선을 충실히 옹호하려 한다. 이는 오히려 민주당이 미래에 대한 비전이 없이 과거의 DJ에만 의존하는 구시대 정당으로 보이는 요인이기도 했다.

노무현 정부와 열린우리당에 대한 국민의 신뢰가 추락하고 열린우리당이 해체 국면에 오자 상대적으로 민주당의 존재 기반이 주목받게 된다. 이런 국면에서 치러진 2007년의 4·24재보선에서 민주당은 DJ의 아들 김홍업을 민주당 후보로 전략공천해 국회의원에 당선시킨다. 비민주적이고 부적절한 공천이라는 여론의 비판에도 불구하고, 민주당 지도부는 'DJ가 없으면 민주당이 있었겠느냐', '민주당과 DJ는 혈연관계'라는 등의 전근대적 명분을 감수하며 김홍업을 공천해 당선시켰다.

2007년 7월 민주당의 유력 정치인 일부가 탈당해 대통합민주신당에 합류한 가운데, 김홍업 의원도 민주당을 탈당해 대통합민주신당에 합류한다. 당선 3개월도 안 돼 탈당한 셈이다. 남아 있는 민주당 인사들과 지지자들은 분노한다. 김홍업 의원에 대한 분노보다도 무조건적 대통합을 강조해온 DJ에 대한 분노로 표출된다. "지난 40여 년의 짝사랑을 거두니, 참으로 마음이 편안합니다"라는 서글픔으로부터, "호남을 볼모로 한 부자세습을 거부한다"는 항변에 이르기까지 그동안 DJ를 '교주'처럼 지지해온 사람들 중에서 이탈하는 현상이 여느 때보다 두드러진다.

물론 대통합신당의 추진 과정에 대한 입장의 차이, 또 각자 서 있는 정치적 입지에 따라 평가가 다를 수 있다. 또 대통합민주신당이나 민주당 모두 향후 진로가 매우 유동적이다. 후보단일화와 더불어 대통합을 이루는 방향으로 나아갈지, 새로운 형태의 이합집산을 거치게 될지 두고 볼 일이다.

그러나 어느 쪽이든 DJ-DJ당-호남의 지지로 이어진 강한 유대감은 상대적으로 약화될 것으로 보인다. 호남에서 한나라당과 한나라당 후보에 대한 지지가 증가하는 현상은 이와 무관하지 않다.

선거정치 구조에서 지지세력의 재편이 일어나는 것은 자연스러운 현상이다. 또 그동안 호남에서 특정 정치인 DJ에게 과도하게 집착해온 데 따른 문제가 없지 않았다. 그러나 호남 유권자의 지지 재편성 가능성이 새로운 대안의 출현이 아니라, 기존 지지 대상에 대한 실망에서 나타나고 있다는 점이 유감스러울 뿐이다.

제9장
열린우리당의 추락과 정계개편

당동벌이(黨同伐異)의 정치

　파란 많은 2004년의 한국 정치는 실망과 답답함으로 마무리되는 것 같다. 국정의 최고 책임자인 대통령이 국회에서 탄핵 의결을 받아 직무가 정지되는 한국 정치사 초유의 경험을 했다. 이 탄핵정국에서 치러진 17대 총선에서는 299명 전체 의원 중 무려 187명의 초선 의원이 배출되었다. 노무현 정부의 새로운 여당으로 급조된 열린우리당이 일거에 원내 과반수를 차지했다. 이른바 진보정당인 민주노동당이 제3세력으로 원내에 진입했다. 민주화 세력의 적통임을 자임해온 민주당은 원내 제4당으로 몰락했다.

　그러나 탄핵에서 복귀한 노무현 대통령은 국민의 기대로부터 더욱 멀어져 지지율이 20% 내외로 추락했다. 대통령이 주도한 행정수도특별법이 헌재에서 위헌으로 결정되기도 했다. 63% 초선의원을 기반으로 제2의 제헌국회라고 큰소리쳤던 17대 국회는 이전의 국회보다 오히려 못하다는 평가이다. 파행으로 시작했던 정기국회는 제 할 일을

---

* 2004년 12월 31일, ≪광주일보≫ 「테마칼럼-2004년의 한국 정치를 보내며」

못하고 임시국회로 넘기더니 임시국회마저도 연말까지 난장판이다. 이에 따라 일부에서는 참신한 것처럼 보였던 17대 국회의원들의 자질에 대한 논란까지도 제기하고 있다.

≪교수신문≫에서 지난 1년의 한국 사회 특징을 보여주는 사자성어라고 했던 당동벌이(黨同伐異)는 우리의 정치권을 두고 하는 말에 다름 아니다. 정치는 갈등의 영역이지만, 핵심 기능은 통합에 있다. 그런데 우리의 정치는 국민통합 이전에 정치권 스스로가 '편을 갈라 상대방을 죽이는 패싸움'으로 해가 가고 있다. 국민적 염원과 단합의 상징이었던 촛불집회마저도 최근에는 편싸움 집회의 도구로 변질되고 있다.

국정을 안정적으로 이끌어갈 수 있도록 다수당을 만들어달라고 했던 여당이 과반수가 되고서 무엇을 했는지 패싸움밖에 떠오르지 않는다. 원내 의석은 다수를 차지하지만, 행동과 전략은 국민 다수의 공감을 얻지 못하고 있다. 극단적인 대립 구조에서는 여당이 과반이든 아니든 사실상 별 차이가 없다.

호남 배제의 지역주의 전략을 반성하겠다던 한나라당에서 호남 지역 예산 배정을 삭감하는 문건을 작성해 충격을 주었다. 최초의 원내 진입으로 의욕과 기대가 컸던 민노당은 거대세력의 편싸움 정치에서 무기력함을 실감하고 있다.

내년에는 전국 선거가 없기 때문에 정치세력 구조에 큰 변화는 없을 것이다. 정치의 중심인 노무현 대통령 체제와 17대 국회의 구조는 앞으로도 3년은 지속된다. 다만 열린우리당의 원내 과반수 지위 상실은 시간문제이다. 오는 4월의 재보선에서도 불리할 수밖에 없다. 그래서 그런지 반개혁세력이라고 비난하면서 압박했던 민주당과의 통합을 내년 정치전략의 하나로 기획하고 있다. 민주당의 진로에서는 4월의 재보선을 통해 제3당으로 복귀할 수 있을 것인가도 관심이다. 4월의 재보선을 거치면서 차기 대권주자들의 탐색전이 가시화되기 시작할 것이다.

노무현 대통령의 정치인식과 국정운영 방식의 변화 여부가 최근 논란이 되고 있다. 보수를 타도하자고 하더니 보수·진보가 아니라 실용이 문제라고 말한다. 언론과의 전쟁을 말하더니 언론사 회장을 중용하고 언론과의 건전한 협력관계를 말하고 있다. 스스로 4대 개혁입법으로까지 불렀던 법안들에 대해 최근에는 그렇게 절대적으로 시급한 것은 아니라고도 한다. 집권 초부터 반복되어온 '철학 없는 좌충우돌'이 아니길 바란다.

새해에는 신뢰의 정치, 통합의 정치를 기대한다. 이를 위해서는 무엇보다 정치 주도세력의 인식 전환이 요구된다. 사실 지난 한 해의 정치는 군부독재 시기인 1980년대의 정치인식이 2004년의 정치현장에서 시대착오적으로 착종된 것이었다. 시대착오적인 패싸움이 될 수밖에 없었고, 국민생활과 유리된 정치가 될 수밖에 없었다. 새해에는 '2005년의 지금, 한국 사회'에 토대를 둔 정치가 되길 희망한다.

■ ■ ■ 올해의 사자성어

《교수신문》에서는 2001년 말부터 그 해의 특징을 규정하는 사자성어를 교수들의 조사결과를 모아 결정해 발표했다. 2004년을 특징지우는 사자성어는 당동벌이(黨同伐異)였다. 탄핵정국, 보수·진보세력의 대결적 규탄대회, 그리고 노무현 대통령의 분열적 리더십 등 분열의 대립 상황을 반영한 것이었다. 2004년의 한국 정치와 노무현 정부의 국정운영 방식을 특징짓는 사자성어로 자주 인용되었다. 2005년의 상화하택(上火下澤)도 비슷한 뜻이었다. 위에는 불 아래는 못이라는 뜻으로 생산적 협력을 만들지 못하고 유리되어 소모적인 갈등을 보이는 우리 사회 현실을 지적한 것이다.

2001년 오리무중(五里霧中) 안개 속처럼 예측할 수 없는 불확실한 우리 사회의
　　　　　　　　　　　　진로
2002년 이합집산(離合集散) 16대 대선정국을 앞둔 철새정치인들의 이동 정계개
　　　　　　　　　　　　편 상황
2003년 우왕좌왕(右往左往) 노무현 정부의 국정혼선과 불안한 리더십
2004년 당동벌이(黨同伐異) 탄핵정국을 비롯한 정치세력들의 극한 대결 양상
2005년 상화하택(上火下澤) 정치사회적 통합을 이루지 못한 우리 사회의 분열상
2006년 밀운불우(密雲不雨) 일의 성과와 결과를 도출하지 못하는 답답한 상황

4·30 재보선, 중원의 대결

4·30 재보선이 하루 남았다. 말 그대로 몇 개 지역의 재보선인데도 각 정당은 총력전이다. 그럴 만도 하다는 생각이 든다. 여당인 열린우리당은 과반수 붕괴 내리막길의 시초가 되지 않을까 하는 우려 속에 전국의 모든 지역에서 총력전을 펼치고 있다. 한나라당은 경북의 독점적 지지를 지키려 애쓰면서 열린우리당의 자충수를 기회삼아 지지확대를 도모하고 있다. 경북 지역을 토대로 한 차기 대권 전략도 가세한 모양이다. 언론보도에서 비껴서 있는 민주당은 수도권인 성남 중원의 국회의원 선거와 전남의 목포시장 선거에 주력하고 있다. 지난 17대 총선에서 원내 3당으로 도약했던 민노당은 성남 중원에서 만만치 않은 지지세로 경쟁하고 있다.

이번 재보선은 지방의원 선거를 포함해 44곳에서 치러진다. 전남 지역의 경우 목포시장 외에도 광역의원 1명과 기초의원 3명이 선출된다. 4·30 재보궐선거라지만 주목을 받고 있는 6개 지역의 국회의원 선

* 2005년 4월 29일, ≪광주일보≫ 「테마칼럼-정치단상」

거는 모두 재선거이다. 선거법 위반 등으로 당선이 무효가 돼 다시 선거를 치른다. 그럼에도 이번 선거에 다시 관권선거와 부정선거 논란이 일고 있다. 물론 관권선거 논란은 주로 여당을 둘러싸고 나타나고 있다. 야당에서는 열린우리당 문희상 의장을 선거법 위반으로 고발하겠다고 한다.

여당의 전략은 예나 지금이나 똑같다. 여당이 되어야 지역개발이 이루어질 수 있다고 주장한다. 두 곳에서 선거가 치러지는 충남 지역에서는 역시 신행정도시 건설이 중요한 무기이다. 그럼에도 열린우리당에 대한 지지가 예상보다 약해 혼전 양상인 것으로 보도되고 있다. 경북 영천에서는 기업도시 건설을 내세우고 있다. 여기에 지역구도 타파까지 더하고 있다. 그래서 그런지 한나라당이 위기의식을 느끼고 박근혜 대표가 또다시 손에 붕대를 감아야 할 정도로 '악수 선거운동'에 매진하고 있다. 목포에서는 지난 1월 이해찬 총리가 어렵다고 했던 호남고속철 착공이 이번에는 시장 선거를 겨냥한 여당의 선심공약으로 다시 제시되고 있다. 민주당의 거점인 목포 지역을 열린우리당이 여당 프리미엄을 가지고 민주당을 압박하는 형세이다.

경기 성남의 중원은 이번 재보선의 종합판이 되고 있다. 후보 개개인의 특성이 당락에 영향을 미치겠지만, 이 지역에서는 열린우리당, 한나라당뿐 아니라 민노당, 민주당 모두 당선 가능성을 주장하고 있다. 박빙의 차이이지만 선거운동 초반에 선두를 달렸던 열린우리당의 조성준 후보 측이 금품살포 논란으로 위기를 맞고 있다. 열린우리당에서는 금품살포 당사자가 민주당 당적을 가지고 있는 호남향우회 지회장이라며 민주당과의 연루설을 흘리고 있다. 이에 대해 민주당뿐 아니라 한나라당까지도 열린우리당의 비열한 덮어씌우기라며 성토하고 있다.

성남 중원은 수도권에서 호남 출신이 가장 많은 지역 중 하나라고 한다. 호남 출신 유권자를 두고 열린우리당과 민주당이 경쟁하고 있다. 이러한 양분 구도에서 한나라당이 어부지리를 얻을 수도 있다. 최근 입법 과정을 둘러싸고 논란이 되는 비정규직 근로자도 많은 지역으로 보도되고 있다. 민노당이 사회적 약자와 노동계층에 얼마나 호소력을 가질 수 있을지 주목해볼 만하다. 성남 중원에서 수도권의 부활을 모색하는 민주당이 어떤 선거결과를 가져올지도 관심이다. 열린우리당의 자충수와 막판 후보단일화 여부가 추가 변수가 될 것이다.

하지만 각 정치세력들의 치열한 선거전에 비해 유권자의 관심은 상대적으로 적다. 기본적으로 유권자들의 선거에 대한 관심이 하락해온 추세인데다, 재보선에 대한 참여는 더욱 낮을 수밖에 없다. 선관위에서는 여러 유인책을 내걸고 투표율을 높이기 위해 애쓰고 있다.

이번 재보선은 우리의 정치세력 구도가 역동적으로 변화하는 또 다른 출발점이 될 것이다. 알다시피 17대 국회의 세력 구도는 탄핵정국이라는 특수한 상황에서 형성된 불안한 체제이다. 기존의 거대정당이 파열음을 내는 가운데 신당 논란도 가세하고 있다. 한국 정치를 소용돌이로 몰아온 대권을 둘러싼 정치세력의 재편과 합종연횡이 점차 본격화될 것이다. 각 정당의 총력전의 향배가 주목된다.

여권의 위기, 정치적 이벤트로 돌파할 일 아니다

　이번 10·26 재선거에서도 지난 4월의 재보선에 이어 여당의 완패가 지속되었다. 여당의 참패는 어느 정도 예상할 수 있었다. 대통령의 국정수행에 대한 부정적인 평가가 여전히 60%를 넘고 있다. 여당에 대한 지지율은 제1야당의 절반을 약간 상회하는 수준이다. 이런 상황에서 여당이 선거 승리를 기대하는 것 자체가 비정상이다.

　노무현 대통령은 재선거 결과를 대통령의 국정운영에 대한 평가로 받아들인다고 했다. 그동안 청와대와 여권은 여론을 자의적으로 해석해왔다. 여론과 진리는 별개의 문제라고도 했고, 어느 참모는 여론조사와 진짜 민심은 다르다면서 여론에 맞서는, 여론을 무시하는 행태를 보여왔다. 이번 재보선 결과를 국정운영에 대한 평가로 받아들인다면, 당연히 그동안의 국정운영에 대한 반성이 있어야 한다.

　그러나 선거 결과를 수용하겠다는 대통령의 말은 반성이 아니라 선거 패배에 따른 여권 내부의 갈등을 봉합하려는 의도에서 나온 것으

* 2005년 10월 28일, CBS 뉴스해설

로 보인다. 청와대 대변인도 대통령의 발언을 확대 해석하지 말아달라고 한다. 반성 대신에 어떤 정치적 이벤트로 새로운 국면을 만들 거라고 전망하는 사람들도 있다.

열린우리당의 참패와 함께 한나라당이 4곳 모두에서 승리했다. 박근혜 대표의 인기와 바람몰이가 승리에 큰 기여를 했지만, 가장 큰 승리요인은 여권의 자멸이다. 그래서 그런지 한나라당 스스로 겸손한 태도를 보이며 2년 후 대선 승리 때까지 절치부심하는 심정으로 노력하겠다고 한다. 한나라당이 현 집권세력을 대체하는 대안세력이 될 수 있을지 두고 볼 일이지만, 아직은 여당의 실패에 따른 반사이익을 일시적으로 누리는 수준을 벗어나지 못하고 있다.

울산 북구의 의석 탈환을 시도했다가 실패한 민노당에게도 새로운 각오가 요구되고 있다. 노동세력 내부의 갈등 문제도 있지만, 거대세력의 싸움에서 진보세력의 입지를 어떻게 설정할 것인가 하는 근본적인 문제에 대한 고민을 제기하고 있다.

수도권에서 10% 내외의 지지를 얻은 민주당은 과거의 지지세를 조금은 회복하는 모습이다. 그러나 열린우리당의 실패에 따른 반사이익도 별로 수용하지 못하고 있다. 민주당의 분당이 열린우리당 위기의 근본적인 배경이고, 결국 민주화 세력 모두에게 피해를 주고 있다는 지적은 타당하다.

국민의 지지를 얻는 데 실패한 정치세력은 약화되고 퇴출될 것이다. 그러나 집권세력은 퇴출 여부 이전에 국민에 대한 책임이 있다. 특히 여권의 위기를 만들어온 당사자들이 또 다시 궤변으로 설치는 상황이 재연돼서는 안 된다. 그동안의 과오에 대한 반성이 없이 정치적 이벤트로만 국면을 돌파하려 한다면, 집권세력의 위기는 반복될 것이다.

1당 독점체제, 풀뿌리 민주주의의 위기

이번 5·31 지방선거 결과로 대부분의 지방자치단체는 1당 독점 구조가 돼버렸다. 사상 유례를 찾기 어려운 여당의 대참패에서 비롯된 것이다. 선거에서 이길 수도 있고 질 수도 있다. 한 세력이 몰락하면 새로운 세력이 성장하는 것 또한 자연스러운 현상의 하나이다. 그러나 이번 열린우리당의 대참패는 자신들의 패배로만 끝난 것이 아니다. 우리의 지방자치를 1당 독주의 위기구조로 만들어버렸다. 그동안 축적해온 민주화 세력의 지방정치 기반도 이번 선거에서 많이 소진되었다.

노무현 대통령과 열린우리당은 이에 대한 역사적 책임을 통감해야 한다. 물론 열린우리당은 선거과정에서 싹쓸이를 막아달라고 호소했고 회초리를 며칠만 거두어달라고 해괴한 읍소도 했다. 그러나 국민에게 훈계만 해온 정권의 그런 호소는 너무 뻔뻔하고 염치없는 일이었다.

17대 총선 이후 여러 번의 재보선과 여론조사를 통해 국민들은 집권

---

* 2006년 6월 2일, CBS 뉴스해설

세력의 반성과 새출발을 끊임없이 촉구했다. 재보선에서 연전연패해 '23 대 0'이라는 말까지 나왔다. 그런데도 정치적 수사와 오만으로 보내다가 지방선거를 맞았다. 집권 3년 3개월 만이고, 탄핵정국 속에서 치러진 17대 총선 이후 2년 만이다. 국민들이 지방정치의 위기를 느끼고 회초리를 거두기에는 집권세력에 대한 실망과 분노가 너무 컸다.

충남, 전남북, 제주를 빼고 전부 한나라당 1당 독점체제가 됐다. 수도권의 자치단체장은 1명을 제외하고 전부 한나라당 소속이다. 서울시의 경우 시장과 25명의 구청장 모두 한나라당 소속이고, 시의원은 106명 중 102명이 한나라당이다. 물론 자치단체장과 지방의원 모두가 주민을 위해 좋은 지방정부를 운영한다면 별 문제가 없을 것이다. 그러나 자치단체장에 대해 견제와 감시를 강화하는 것은 우리의 지방자치 운용에서 보완해야 할 중요한 과제로 지적돼왔다. 더구나 공천 문제 등 서로 밀접한 이해관계가 맞물려 있는 같은 당 소속 체제가 된다면, 과연 견제와 감시 기능이 얼마나 제대로 작동될 수 있을지 걱정이다.

그렇잖아도 중앙정치의 소용돌이에 휩쓸리는 우리의 지방정치의 문제가 이번에는 더욱 두드러졌다. 특히 기초의원 선거에까지 정당추천제와 정당명부비례대표제를 도입한 것은 지방자치제의 개악이었다. 다시 개정되어야 한다.

위기는 집권세력이 만들었지만, 국민들이 해결할 수밖에 없다. 지방의정에 대한 주민의 적극적인 참여와 감시활동이 요구된다. 이번부터 적용되는 주민소환제도의 적극적인 활용도 무기가 될 것이다. 지방자치의 위기상황이 오히려 지방자치를 한 단계 더 발전시키는 전화위복의 계기가 되길 기대해본다.

■ ■ ■ ■ **주민소환제**

2006년 5월 통과됐던 「주민소환제법(주민소환에 관한 법률)」은 소환 대상자의 임기 개시 1년 후부터 적용돼 2007년 7월부터 실질적인 효력이 발생한다. 주민소환제가 적용되기 이전에는 자치단체장이나 지방의원은 임기가 보장돼 있는 데다 부패와 비리, 전횡을 제재할 수단도 법원의 유죄판결 외에는 없었다. 앞으로 시도지사는 투표권자의 10% 이상, 기초자치단체장은 15% 이상, 지방의회의원은 20% 이상의 서명을 받아 주민소환 투표를 청구할 수 있고, 3분의 1 이상이 참여하고 과반수가 찬성하면 소환대상 선출직 공무원이 해직된다.

장마전선의 한국 정치

북한의 미사일 발사 이후 우리의 대북정책이 난관에 처해 있다. 북한과의 관계만 아니라, 다른 주요 국가들과의 외교관계도 어려움을 겪고 있는 것으로 보인다. 이종석 통일부 장관의 발언 파문도 이런 상황과 무관하지 않다. 참여정부의 국정운영에서 어려움과 혼돈, 끝이 없다. 1년 반 남은 임기가 더 걱정스럽다.

정치권의 세력 재편이 예상되지만, 미래에 대한 전망은 여전히 불투명하다. 5·31 지방선거에서 지방권력을 싹쓸이한 한나라당은 전당대회를 거치면서 파열음과 우려를 낳고 있다. 새로운 지도부 구성을 보면, 개혁적 보수와 선진화라는 한나라당의 구호가 무색하다. 수해 중 골프 파문, 호남 비하 지역감정 발언 등 문제가 연이어 터지고 있다. 물론 한나라당은 관련자들을 징계하고 여론을 수습하려 하지만, 그 타격이 작지 않은 것 같다.

이런 가운데서도 정치권은 내일 치르는 7·26 재보궐선거에 주력하

---

* 2006년 7월 25일, CBS 뉴스해설

고 있다. 네 곳에 한정된 국회의원 재보궐 선거이고 투표율도 낮을 것으로 예상되지만, 지방선거 이후 정계재편의 중요한 풍향계가 될 수도 있다는 점에서 주목받고 있다.

당초 네 선거구 모두에서 전승까지 예상했던 한나라당이 이제는 한 곳이라도 패배한다면, 지방선거의 압승 분위기가 반전되는 계기가 될지도 모른다고 우려하고 있다. 전당대회 과정에서 노출됐던 한나라당 내부의 갈등과 분열의 불씨가 선거 이후에 다시 타오를 가능성도 있다. 여당은 5·31 지방선거 참패의 위축된 분위기를 크게 바꾸지 못하고 있다.

민주당은 성북을에서 조순형 후보의 승리에 전력을 기울이고 있는 것 같다. 이인제, 장기표 씨 등 다른 정파의 정치인들이 조순형 후보를 지지하는 낯선 모습도 보인다. 선거날이 가까워지면서 민주당의 조후보가 한나라당 후보를 추격해 접전을 벌이는 것으로 보도되고 있다. 조순형 후보의 복귀 문제는 2004년의 탄핵정국에 대한 재평가와 관련될 수밖에 없다. 따라서 탄핵정국으로 일어섰던 집권여당도 이 문제에 민감할 수밖에 없다.

그래서인지 성북을의 선거에 주요 정당들이 총력전을 펼치고 있다. 선거결과에 따라 정계의 풍향은 달라지겠지만, 대북문제 등의 어려운 문제가 당장 해결될 수 있거나 그렇지는 않을 것이다.

폭우 피해복구가 진행 중인데 또 집중호우가 내릴 거라고 한다. 또 한편에서는 참여정부 핵심인사의 교수시절 논문표절 여부가 논란이 되고 있다. 이래저래 편치 않은 참여정부 3년 반의 한국 정치의 자화상이다.

4명의 국회의원을 선출했던 7·26 재보궐선거 결과, 한나라당 소속 후보가 3명 당선되고 민주당 후보 1명이 당선된다. 서울 성북을 지역의 조순형 후보를 당선시킨 민주당은 17대 국회에서 처음으로 수도권 지역구 의원 1명을 배출한다. 앞에서도 지적했듯이 조순형 후보는 선거과정에서 민주당 후보 이상의 의미를 가졌다. 또 언론의 보도도 2004년의 탄핵과 노무현 정권에 대한 심판을 쟁점으로 제기해 조순형 후보에게 유리하게 작용했다. 5·31 지방선거의 참패로 당의 해체론이 구체화된 열린우리당은 7·26 재보선에서 당의 존재기반 자체가 무너진 현실을 다시 확인했다.

당 해체에 직면한 열린우리당

10월 25일의 재보궐선거에서 열린우리당은 국민 여론의 참담한 현실을 다시 확인했다. 이제는 더 이상 버티기가 어려워 보인다. 마침 정기국회 일정도 후반으로 접어들어 정계개편 움직임이 점차 가시화될 것이다. 이번 재보선 결과를 새삼스럽게 보는 사람은 별로 없다. 완패한 집권여당은 네 곳의 선거구에 아예 후보조차 내지 못했었다. 지난 2년 동안 모든 선거에서 전패하면서도 희망도 없이 버텨온 여당이 신기할 따름이다. 국민의 신뢰를 잃어도 임기가 보장되는 우리 정치제도의 장점인지 문제점인지 생각해볼 일이다.

열린우리당의 지도부 스스로 재창당을 말하고 있다. 노 대통령 측근세력은 당의 해체를 포함한 정계개편을 반대하지만, 그 주장이 설득력을 갖기는 어려워 보인다. 열린우리당의 창당 자체가 노 대통령의 집권 프리미엄을 이용한 인위적 정계개편이었다. 그 정계개편이 실패하고 이제 다시 새로운 정계개편을 요구받고 있다. 100년 정당을 표방

---

* 2006년 10월 27일, CBS 뉴스해설

했지만 17대 국회 4년 임기도 채우기 어려운 실정이다.

열린우리당은 정권재창출을 위해 재창당을 해야 한다고 주장하고 있다. 과연 국민 다수가 현 정권이 재창출되기를 기대하고 있는지 생각해볼 일이다. 현 집권세력은 정권재창출 전략 이전에 반성하고 책임을 져야 한다. 물론 열린우리당을 대체하는 새로운 세력에 대한 전망 또한 아직 불투명하다. 열린우리당과 제로섬 경쟁을 해왔던 민주당이 정계개편의 주도권을 말하지만, 지지도나 당 구조에서 여전히 군소화된 정당을 벗어나지 못하고 있다. 제3세력의 구심점이던 고건 전 총리 역시 지지가 추락해 3위에 머무르고 있다.

현재로서 당 지지도와 대통령 후보 지지도 모두 독주하는 한나라당은 정계개편 논란에서 벗어나 있다. 물론 한나라당도 당내 대통령 후보 경쟁과정에서 분열이 발생할 가능성도 배제할 수는 없다. 당장 정계개편의 초점은 열린우리당, 민주당, 고건 총리 진영 사이의 재정비이다. 노 대통령 측근세력과 통합파로 대별되는 열린우리당 내부 분파 문제도 중요한 변수이다. 이들 여러 세력 간의 반성과 협력, 통합과 갈등이 정계개편 과정이 될 것이다.

대통령 권력을 축으로 경쟁하는 한국 정치구조에서 한나라당과 경쟁하는 세력의 통합이 요구되고 있다. 황폐화된 민주화 세력의 재통합은 한국 정치의 민주적 경쟁구도를 회복하기 위해서도 필요하다. 이를 위해서는 무엇보다 민주화 세력의 정치적 기반을 분열시키고 황폐화시킨 현 집권세력의 진정한 반성이 선행되어야 한다.

■ ■ ■ 40:0의 전패 기록

9곳에서 치러졌던 10·25 재보선에서 열린우리당은 그동안 재보선 전패에 이어 또 완패한다. 2개 지역에서 치러진 국회의원 선거에서는 한나라당과 민주당이 각각 1개 지역에서 승리했으며, 4개 지역의 기초단체장 선거에서는 3개 지역에서 무소속이 당선되는 무소속 강세 현상을 보여주었다. 열린우리당은 2005년 이후 치러진 국회의원 및 단체장 재보선에서 연패(連敗)해온 기록을 40:0으로 연장하는 신기록을 세운다.

시험대에 놓인 열린우리당의 '대통합신당' 추진

열린우리당이 14일 전당대회를 통해 대통합신당 추진을 공식 결의했다. 정세균 당 의장을 비롯한 4명의 최고위원도 추대했다. 대의원들의 참여가 저조해 대회 정족수에 미달하지 않을까 하는 우려도 있었지만, 72.3%가 참여해 성공적이었다고 자평하고 있다. 그러나 대회에서 결의한 대통합신당 추진에 대한 전망이 밝지만은 않다.

한나라당과 경쟁하는 통합세력의 출현은 필요하다. 그러나 국민들이 열린우리당에 요구하는 사명이나 우선 과제가 대통합은 아닌 것 같다. 물론 2003년 민주당과의 분열이 열린우리당 위기의 근본 요인 중 하나이긴 하다. 그러나 최근 제기하는 통합신당 추진 배경은 이와 다르다. 노무현 대통령과 집권당에 대한 불신을 극복하기 위한 전략의 하나이다. 다만 탈당세력이 열린우리당과의 적극적인 결별을 통해 변신을 꾀하고 있다면, 열린우리당 내부의 대통합신당론은 외부세력 영입 등을 통해 열린우리당의 부정적 이미지를 희석시키려는 것이다.

* 2007년 2월 15일, CBS 뉴스해설

물론 열린우리당 내부에도 통합신당 추진에 대한 입장의 차이가 여전하다. 아주 적극적인 열린우리당 사수파도 있고, 이른바 질서 있는 정계개편을 말하는 사람들도 있다. 노무현 정부에 대한 비판적 여론 자체를 인정하지 않으려는 세력도 있고, 적당한 시기를 기다리는 잠재적 탈당세력도 있다. 대통합신당 추진을 공식화했지만, 내부 조건부터 통합되지 않은 상태이다. 대통합 작업이 순탄하게 진행되지 못할 경우, 제2차 탈당사태에 직면할 수 있다는 견해가 지배적이다.

정세균 신임 의장은 추대 수락 연설에서 민주화 개혁세력, 양심적인 산업화·지식정보화 세력, 시민사회 전문가 그룹 등을 대통합 대상으로 강조했다. 모든 좋은 세력은 다 모으겠다는 것이다. 그러나 기득권을 버리겠다고 하지만, 열린우리당 틀을 유지할 경우, 외부 세력들이 합류하기는 쉽지 않을 것이다.

또 외부 신진세력의 영입 여부가 열린우리당의 한계를 극복하는 관건은 아니다. 이미 지난 17대 총선에서 무려 63%의 신진세력이 원내에 진출했다. 열린우리당의 경우는 70%가 넘는 108명의 의원이 초선이었다. 문제는 신진세력 대다수가 과연 적임자였느냐, 또 그들이 역량을 발휘할 수 있는 환경이었느냐에 있다.

최근에도 시민사회 단체를 배경으로 새로운 대안을 자임하고 등장한 정당운동 세력이 있다. 그런데 이들도 이미 정치권에 진입한 그동안의 신진세력보다는 크게 낫다고는 할 수 없다. 단지 아직 검증되지 않은 신진일 뿐이다. 새로운 대안세력이라고 하기에는 현역 정치인보다도 더 직업적인 정치운동을 반복하는 단골인사들도 눈에 띈다.

열린우리당은 물론 민주화 진영 전반에 미친 노무현 정부의 정치적 실패에 따른 후유증이 너무 크다. 이미지 변신을 통한 신당 추진세력들이 이런 역사적 과오에 대한 책임의식을 얼마나 가지고 있는지 모르겠다.

제10장
분열과 통합, 변신의 대선정국

난무하는 통합신당론

여기저기서 통합신당론이 난무하고 있다. 열린우리당 탈당세력은 통합신당추진위원회를 구성해 5월 신당을 출범시키겠다고 한다. 열린우리당 세력도 14일 전당대회를 통해 '대'통합신당 추진을 공식 선포했다. 민주당도 통합추진위원회를 가동시키고 있다. 절대 우위를 보이는 한나라당에 경쟁하는 통합세력의 출현이 요구되는 것은 분명하다. 그러나 여러 정파들이 내걸고 있는 통합신당론들이 국민 다수에게 그다지 호소력이 있는 것 같지는 않다.

각 정파들은 모두 자신들의 정치적 입지를 유지하거나 확대하기 위해 통합을 추진하지만, 통합론의 정치적 배경이나 조건이 모두 같지는 않다. 따라서 어느 세력이 통합을 주도하느냐에 따라 통합세력의 정치적 성격이 달라질 수 있다. 통합 개념과 더불어 대부분 중도, 개혁, 평화 등의 수식어가 공통으로 등장한다. 미래라는 수식어도 자주 등장하는 편이다.

----

* 2007년 2월 15일, 북촌포럼 발표문

중도통합론은 과거 신민당 시절 이철승의 중도통합론에서부터 새천년민주당의 중도개혁포럼에 이르기까지 소급할 수 있지만, 요즈음의 중도통합론은 한나라당과 열린우리당의 극단주의에 대한 대안세력의 논리였다. 고건 진영 또는 친민주당 인사에 의해 대체로 제기되었다. 이념적으로 중도노선이자 반(비)한나라·반(비)노무현 세력을 지칭하는 것이기도 했다. 현실적으로 중도통합 세력은 노무현 정부의 주도세력을 대체하는 비한나라당 세력(넓게는 한나라당의 세력의 일부까지)을 포괄하는 것이었다.

노무현 정부에 대한 대안적 의미로서 중도는 이념적 노선뿐 아니라 행동양식에서도 분열주의나 극단주의에 대비되는 개념이기도 했다. 노무현 정부의 불안정과 극단주의는 사실 노선 자체보다 행동양식에서 두드러졌다. 고건 총리의 경우 행동양식에서는 아주 중도적이었다고 할 수 있으나, 이념적 차원에서 중도우파에 가까웠고, 비한나라·비노무현 노선에서도 애매했다.

현재 중도세력 노선의 입지는 매우 약하다. 대안세력으로서 새로운 중도세력의 출현에 대한 국민들의 갈망도 크지 않은 것 같다. 중도통합을 주장해온 세력들이 통합의 구심점 역할을 하지 못하면서 이 세력에 대한 기대감이 떨어졌고, 상당수는 한나라당에 흡수되었다. 중도통합을 표방해온 세력의 성과 없는 장기 침체와 그에 따른 기대감 추락의 배경에는 고건 총리 진영의 좌고우면한 정치행보도 크게 작용했다. 이 점에서 고건 총리의 등장은 새로운 대안세력에 대한 기대를 만들게 하기도 했지만, 반대로 중도통합 세력의 성장 에너지를 소진시키게 했다고 볼 수 있다.

현재로서는 중도통합이란 구호 자체가 그렇게 호소력을 갖지는 못하고 있다. 그래서 여기에 개혁을 붙이기도 한다. 개혁 역시 김영삼 정부 이래 식상한 용어가 돼버렸다. 그렇지만 민주화 세력을 함의하거나 민노당과는 구분되지만 좀 진보적인 성향을 나타내기 위해서 사용하고 있다. 그동안 성과 없이 추상적 구호만 요란한 개혁세력의 한계가 지적되면서 실용이 개혁과 대비되는 개념으로 자주 등장했다. 최근 천정배 의원 진영은 민생+개혁이라는 용어로 개혁의 비현실성과 추상성을 극복하면서도 진보적인 개혁성을 견지하려 하고 있다. '민생개혁', '민생정치'를 쓰고 있다.

민주화 세력에 대한 강조는 어느 면에서 구시대적인 패러다임에 대한 집착으로 인식될 수 있다. 따라서 개혁이라는 용어가 이를 대체하지만, 이 또한 한계가 있기 때문에 새로운 패러다임과 비전을 내거는 미래라는 용어를 직접 쓰기도 한다. 한나라당, 열린우리당, 전 고건 진영 모두에서 사용한 개념이다.

평화는 민주주의, 인권과 더불어 오늘날 세계사회의 보편적인 가치 개념이다. 그러나 특히 한국에서 평화개념은 대북관계에서 포용정책적인 경향을 함의하고, 김대중 정부의 노선을 계승하는 대표적인 구호로 사용되었다. 김대중 전 대통령 또는 그 지지세력을 우군으로 견인하고자 하는 세력들이 유난히 이 개념을 강조하고 있다.

5개 내외의 세력들이 통합신당을 추진하거나 대안세력의 창출에 나서고 있다. 민주당, 열린우리당 탈당세력 통합신당 등 2~3개 집단, 열린우리당 대통합신당, 미래구상 등이다. 이들 여러 세력은 상호 경쟁관계이면서 협력적인 통합 상대이기도 하다. 물론 각 정파의 성격에 따라 대립 또는 협력의 관계는 다양하다.

민주당이 일찍이 열린우리당의 대안세력을 자임했다. 열린우리당은 노무현 정권과 함께 사라질 수밖에 없고, 민주당이 부활한다고 주장했다. 물론 민주당의 기대 섞인 전망은 17대 총선 이후 생존마저도 불확실한 미래에 대한 불안을 반영한 것이었다. 민주당은 생존에 성공했고 핵심 지지기반에서는 열린우리당과의 경쟁에서 앞서 나갔다. 결국 민주당의 소멸을 전제로 설정했던 열린우리당의 전략은 실패했다.

고건 전 총리가 한때 유력한 차기 대통령감으로 부각될 수 있었던 배경에는 고총리 개인에 대한 기대가 있었지만, 민주당이라는 제3정치세력의 존재가 구조적 요인으로 작용했다. 만일 제3세력의 입지가 없었다면, 죽이 되든 밥이 되든 한나라당과 열린우리당 양대 세력의 경쟁이 17대 대선 국면까지 지배했을 것이다.

한때 상호보완적 역할을 했던 민주당과 고건 세력은 상호발전으로 나아가지 못하고 정체 상태를 보낸다. 특히 민주당은 당의 쇄신과 확대전략이 없이 고건 진영에 대한 막연한 기대 속에서 허송세월을 보낸다.

지난해 5·31 지방선거 직후부터 민주당은 정계개편을 주도할 것이라고 했다. 지방선거에서 열린우리당은 사실상 전멸했다. 이어진 재보선에서도 열린우리당에 대한 국민들의 선거 탄핵을 인식하게 되면서 당의 해체 또는 탈당 가능성에 대한 논의가 구체화되기 시작했다. 그러나 열린우리당의 실패가 민주당의 복원을 보장하는 것은 아니었다. 너 죽어 날 살겠다는 열린우리당의 전략은 실패했지만, 같이 죽는 상황이 될 수도 있다. 민주당은 이미 분당과 탄핵정국을 거치면서 군소정당으로 추락했다. 다음 선거 기간까지 군소정당의 악순환을 겪을 수밖에 없었다. 그나마 호남 지역의 제1당 지위를 회복하면서 민주당은 좀 더 주목을 받을 수 있었다.

그런데 민주당은 원내 군소정당의 한계를 극복하고자 하는 어떤 노력도 보이지 않았다. 물론 나름대로의 어려움이나 사정이 있었을 것이다. 한화갑 전 대표는 군소정당의 한계 극복이 문제가 아니라 당의 존립 자체가 과제였고, 그래서 당의 폐쇄적 운영도 불가피했다고 밝힌 바 있다.

노무현 대통령과 열린우리당에 대한 질타가 집중되는 상황에서 민주당은 노 정부의 과오로부터 자유로운 대표적인 민주진영 세력이라는 점을 강조한다. 그러나 민주당이 비한나라·비노무현 세력이기는 하지만, 미래 세력이 아닌 구세력이라는 이미지를 가지고 있다. 따라서 새로운 통합세력을 자임할 수 있는 자격을 절반만 가지고 있는 셈이다. 세력으로서 힘이 있다면 문제가 다르다. 그러나 현실 정치에서 힘이 없는 상황이고 명분에서도 절반만 가지고 있다.

민주당이 통합 주도세력을 자임하기 위해서는 적어도 당의 세력 강화와 쇄신을 위한 노력이 있어야 한다. 물론 이런 노력을 한다고 하더라도 세력 강화와 당 이미지 쇄신이 가능할지 모르겠다. 그런데 각 정파들에서는 이미 통합신당 추진 프로그램을 가시화시키고 있다. 민주당도 통합추진 특위를 구성해 가동하고 있다. 민주당은 14일 어제 4월 3일로 전당대회 일정을 발표했다. 4월 3일의 전당대회가 2월 14일의 열린우리당 전당대회처럼 통합을 위한 형식상의 절차에 불과하게 될지, 민주당의 자기 쇄신과 정비를 위한 마지막 기회가 될지 두고 볼 일이다.

열린우리당 탈당 세력은 2~3개 분파로 각기 통합신당을 추진하고 있다. 열린우리당 내부의 잠재적 탈당세력까지 감안하면 수가 더 늘어날 수도 있다. 강봉균, 김한길, 이강래 의원 등 23명 집단 탈당을 주도한 세력들이 원내교섭단체로 등록하고 신당추진의 단계별 일정을 발표하는 등 가장 빠른 걸음을 보이고 있다.

이들이 통합신당을 추진하지만, 그들의 1차적인 과제는 노무현 정권의 부정적 이미지와 굴레로부터 벗어나 이미지 변신에 성공하는 것이다. 통합신당은 이미지 변신과 새로운 세력 확대를 위한 동시 전략이다. 탈당세력들은 탈당 직후 노무현 정부에 대해 집중 성토를 했다. 자신들의 책임과 반성도 말하긴 했지만, 무슨 변병을 해도 어처구니없는 일이다. 노무현 정권을 성토하고 자신을 반성하면서도 열린우리당 실패의 원죄라 할 수 있는 창당과정에서 자행했던 호남 지역주의에 대한 비난에 대해서는 자성이 없다.

열린우리당 창당과정에서 그랬던 것처럼 여전히 호남 지역당 논리가 지배하는 상황에 동조하는 측면도 있고, 민주당과의 관계를 얼버무리면서 넘어가려는 태도처럼 보인다.

권력을 좇아 움직이는 철새정치나 기회주의라는 성토가 있을 수 있지만, 이는 개인적인 문제이다. 그러나 열린우리당 창당과정에서부터 제기했던 지역주의 호남책임론에 대해서는 역사적 책임을 져야 한다. 한국의 지역주의에 대한 인식과 책임 소재가 다양하게 나타나고 있지만, 가장 악질적인 지역주의론이 지역주의 호남 책임론이다.

한때 한나라당이 이런 입장을 대표했으나, 최근에는 호남에 대한 호의적 접근을 시도하면서 태도를 조금 바꾼 사람도 있고 불분명한 입장을 표명하고 있기도 하다. 그런데 민주화 진영, 개혁진영을 자임한 세력들이 이런 악질적인 호남차별적 지역주의론을 설파했던 것이다. 특히 창당 과정에서 주도적인 역할을 하면서 열린우리당의 지도급 인사로 활동한 사람 중에 선두에 서서 이런 발언을 했던 사람도 있다.

　물론 호남책임론에 대한 사과 여부와 상관없이, 탈당세력이 이미지 변신과 세력재편에 성공할 수 있다. 노무현 대통령에 대한 성토는 전국적인 의제이지만, 호남책임론에 대한 관심은 소수일 것이기 때문이다. 더구나 이들과 경쟁하는 세력이 없거나 취약한 상태에서는 더욱 그렇다. 이런 관점에서 탈당세력이나 열린우리당과 경쟁하는 세력은 사실상 민주당뿐이다. 열린우리당의 분열에 이르기까지 민주당은 열린우리당의 입지를 압박했다. 그러나 군소세력의 민주당이 정체된 상태에서 탈당세력들의 정국 주도력이 점차 커지고 있다. 급속한 통합신당 추진 정국의 소용돌이가 정치세력들의 과오에 대한 책임이나 차별성을 뒷전에 밀리게 할 수도 있다. 탈당세력들의 전략이 성공하게 되는 것이다.

　열린우리당이 2월 14일 전당대회를 통해 대통합신당 추진을 공식 결의했다. 정세균 신임 의장은 추대 수락 연설에서 민주화 개혁세력, 양심적인 산업화·지식정보화 세력, 시민사회 전문가 그룹 등을 대통합 대상으로 강조했다. 탈당세력들의 통합 전략과 별 차이가 없다. 다만 탈당세력이 열린우리당과의 적극적인 결별을 통해 변신을 꾀하고 있다면, 열린우리당 내부의 대통합신당론은 외부세력 영입 등을 통해 기존의 열린우리당 이미지에 물타기를 시도하려는 것이다.

　현재 열린우리당 내부에도 통합신당 추진에 대한 입장의 차이가 크다. 아주 적극적인 열린우리당 사수파도 있고, 이른바 질서 있는 정계 개편을 말하는 사람들도 있다. 노무현 정부에 대한 비판적 여론 자체를 인정하지 않으려는 세력도 있고, 적당한 시기를 기다리는 잠재적 탈당세력도 있다. 부분적인 리모델링을 말할 수도 있고, 당 해체를 통한 통합을 생각할 수도 있다. 그만큼 대통합이 쉽지 않을 것이다. 대통합 작업이 쉽지 않을 경우, 열린우리당은 제2차 탈당사태에 직면할 수 있다는 견해가 지배적이다.

결국 열린우리당은 추가 탈당세력, 그리고 비례대표가 포함된 친노 직계의 정당으로 분화될 가능성이 크다. 열린우리당의 제 정파는 일단 각기 신당추진을 도모한 후에 단일 정당으로 통합을 모색할 가능성이 크다. 친노 직계 강경세력도 이 통합세력에 포함될 수 있을지 모르겠다. 그러나 기존 열린우리당 세력의 재편성만으로는 이미지 변신 목적에 성공할 수 없다. 다른 추가 세력과의 통합이 이루어져야 한다. 현재의 정당 영역에서는 민주당 진영이다. 다른 하나는 시민사회 영역으로부터의 충원이다.

민주당을 배제한 채 시민사회 영역의 보충만으로는 도로열린우리당 굴레로부터 벗어나기가 쉽지 않다. '미래구상'을 새로운 대안세력으로 주목하는 사람도 있다. 탈당파나 열린우리당의 일부에서는 통합신당의 중요 자원으로 예상하기도 한다. 유력 대권 후보로 성장할 수 있는 인사를 영입하는 경우는 다르지만, 세력으로서 시민사회 영역의 자원을 활용하는 데 한계가 있다.

지난 17대 총선에서 무려 63%의 신진세력이 원내에 진출했다. 열린우리당의 경우는 70%가 넘는 108명의 의원이 초선이었다. 문제는 과연 적임자가 등용되었느냐, 또 이들이 역량을 발휘할 수 있는 환경이었느냐에 있다. 대안세력을 자임하는 '미래구상'의 면면도 이미 정치권에 진입한 그동안의 신진세력보다 크게 낫다고 할 수 없다. 새로운 대안세력이라고 하기에는 현역 정치인 못지않은 기성 정치인 같은 단골인사들도 눈에 띈다. 가혹한 표현을 하자면 검증되지 않은 인사와 시민단체의 기성 정치운동가가 결합해 있는 상태라 할 수 있다.

새로운 대안세력의 구심점을 구축하는 작업은 필요하다. 그러나 완전히 새로운 세력의 출현은 불가능하다. 오히려 기성의 정치권이 중심이 될 수밖에 없다. 다만 새로운 전문가 집단, 양심세력 등이 보강되어야 한다. 세력의 주도권이 재편되고 재통합이 이루어져야 한다. 가급적 모든 세력을 포용하되, 기존의 민주화 진영을 분열시키고 황폐화시킨 세력이 통합신당을 주도해서는 안 된다는 다수의 주장에 절대 동의한다.

통합 역시 다른 정치행위와 마찬가지로 명분과 목적에 따라 이루어져야 하지만, 그것을 수행할 수 있는 현실적 힘이 뒷받침되어야 가능하다. 명분에 따른 통합이 추구되어야 하지만, 현실적인 실천 조건과 조화를 이루어야 한다.

탈당세력의 일부가 민주당에 입당한다면 민주당 주도의 통합전략도 가능하다. 세력도 확대하고 자기혁신을 도모하면서 통합세력의 중심이 되어가는 것이다. 그러나 군소정당으로 정체되어 있는 민주당의 현실을 감안할 때, 가능성이 크지는 않다. 다음으로 타 세력과 통합하는 이른바 제3지대 통합을 모색해볼 수 있다. 이 통합신당 역시 민주당의 전통을 포괄하는 정당이 된다. 단 민주당의 전통을 포괄하는 통합신당이 되기 위해서는 적어도 열린우리당 창당과정에서 확산시켰던 호남 지역주의에 대한 비하, 지역주의 호남책임론에 대해 분명한 반성과 사과가 있어야 한다.

정당의 기반이나 역사성에 대한 고려보다는 통합을 우선하는 경로를 생각해볼 수 있다. 조금씩 다른 경로가 있지만, 무조건적 통합에 초점을 둔 정계개편을 생각할 경우 민주당 차원의 전략을 고려할 필요는 없다. 각자 참여하면 될 일이고 군소정당이었던 민주당은 사실상

저절로 소멸될 것이기 때문이다.

정치적 입지가 다른 만큼 대통합 추진전략도 다를 수밖에 없었다. 특히 참여정부의 실패에 대한 책임을 강조하는 민주당의 박상천 대표 진영과 대통합을 강조하는 진영의 입장차이가 두드러졌다. 2007년 8월 5일, 결국 대통합을 강조한 세력이 주도가 돼 '대통합민주신당'이 출범한다. 민주당 출신의 일부, 손학규 진영, 시민사회 진영을 자임한 세력이 가세해 대통합민주신상을 구성했다. 외형상으로도 미완의 대통합이지만, 아직 국민들에게 새로운 대안세력으로서 그렇게 공감을 얻지 못하고 있다(이 책의 「정체성 갈등 속의 대통합민주신당」 참조).

FTA 협상과 대권정국의 한국 정치

한미 FTA 협상이 막판을 향해 가면서 정치권에서도 졸속협상을 반대하는 목소리가 커지고 있다. 시민사회단체 인사와 문성현 민노당 대표에 이어 26일에는 천정배 의원이 협상 중단을 내걸고 단식농성에 들어갔다.

천 의원은 현 노무현 정부에서 여당의 원내대표를 지냈고 법무부 장관까지 역임했다. 집권여당에서 지도적인 역할을 했던 인사가 정부의 정책을 놓고 단식농성까지 하는 참 특이한 상황이 일어나고 있다.

정치권에서는 민노당이 가장 적극적으로 반대해왔다. 한나라당 진영에서는 찬성하는 쪽이 많고 열린우리당과 통합신당 모임 의원들은 반반이다. 천 의원도 참여하는 민생정치모임은 '을사늑약'이라며 적극적인 반대의사를 표명하고 있다. 민주당은 협상 중단도 말하지만 실리협상이 되어야 한다는 점을 강조하고 있다.

정부 측에서는 시민사회 단체의 반대 운동이 거세지만, 실제 국민

---

* 2007년 3월 27일, CBS 뉴스해설

의 60% 정도가 찬성하고 있다고 홍보하고 있다. 여기에 개헌 홍보까지 더하고 있다. 졸속 추진에 일방적인 홍보, 한미 FTA나 개헌이나 추진 방식이 어쩌면 이렇게 똑같은지 모르겠다.

한미 FTA 추진을 두고 정치권과 시민사회의 의견이 분분한 것이 사실이다. 그런데 국가의 진로와 관련된 문제에서는 사회적 합의가 중요하다. 밀어붙이기식으로 처리해야 할 무슨 작전이 아니다. 홍보 이전에 합의 도출 과정이 절대 필요하다.

민노당 등 소수세력을 제외하고 정치권의 대다수는 FTA 협상보다 대권 경쟁을 위한 재정비에 주력하고 있다. 그 재정비 과정에서 FTA를 포함한 정책적 요인들은 큰 변수가 되지 못하고 있다. 그들만의 경쟁, 그들만의 이합집산이다. 한나라당은 경선방식을 둘러싼 문제가 해결되지 않은 모양이다. 이명박, 박근혜 양 진영 간의 대립도 점차 거세지고 있다.

열린우리당과 탈당세력들은 아직 통합신당의 에너지를 만들지 못하고 있다. 종교계 인사들이 나서서 범여권 대권 후보를 위한 원탁회의를 주창하고 있으나, 이 역시 힘을 받지 못하고 있다. 통합 구호만으로는 될 일이 아니다.

정동영 전 의장은 호남에서 이명박 전 서울시장의 지지가 높은 것을 두고 통탄한다고 했다. 그러나 통탄스러움에 대한 책임이 어디에 있는지 생각해볼 일이다. 호남에서 지지를 잃더라도 그래야 지역주의가 해소될 수 있다고 했던 것이 열린우리당의 창당정신 아니었는가?

손학규 전 지사는 한나라당 탈당 1주일 만에 '선진평화연대'라는 기치를 내걸고 정치조직 활동을 다시 시작했다. 한나라당에서 자주 쓰던 '선진'이라는 용어와 이른바 범여권에서 자주 쓰는 '평화'라는 용어를 함께 쓰고 있다. 양쪽을 포용하는 중도가 될지, 그와는 다른 제3세력이 될지 두고 볼 일이다.

탈당한 손 지사를 강하게 비판했던 노무현 대통령은 정치권 재편에도 관심이 매우 큰 것 같다. 언감생심이라는 국민 여론과 달리 계몽적인 사명의식까지 표출하고 있다.

전당대회를 맞고 있는 민주당의 진로는 여전히 불확실하다. 여기에 김대중 전 대통령의 아들 김홍업의 신안·무안 지역 전략공천 문제가 논란이 되고 있다. 당사자는 물론 김 대통령에 대한 여론도 결코 좋지 않다. 민주당은 더욱 구시대 정당으로 회귀하고 있다는 비난을 비껴가기 어려운 상황이다. 4월 3일 전당대회 결과와 함께 민주당의 진로에 작지 않은 변수로 보인다.

대권 경쟁을 둘러싼 갈등과 이합집산 과정에, FTA 협상과 개헌 문제까지 중첩되어 격랑이 일고 있는 2007년 봄의 한국 정치 상황이다. (한미FTA는 2007년 4월 2일 타결돼, 국회 비준을 앞두고 있느나, 비준이 간단치는 않은 상황이다. 한미FTA 타결에 이어 한·EU FTA 협상이 진행되고 있다.)

박상천 대표 체제의 민주당과 통합신당

4월 3일 오후 민주당이 전당대회를 갖고 박상천 전 의원을 새 대표로 선출했다. 지난 2004년 17대 총선에서 군소정당으로 추락한 이후 오랜만에 주목받은 전당대회였다. 당 지도부의 성격에 따라 향후 민주당의 통합전략이 달라질 수 있다는 점에서 민주당 외부 통합신당 추진 세력들의 관심도 컸다.

민주당이 새 대표 체제를 구축함으로써 통합논의가 한걸음 더 진척될 수는 있을 것이다. 그러나 통합신당 추진이 가닥을 잡기는 쉽지 않아 보인다. 당장 민주당도 새 대표체제와 더불어 내부의 재정비 과정이 필요하다. 가장 큰 현안이 되고 있는 한미 FTA 문제에 대한 시각차나 행보도 통합신당 추진에 새로운 변수가 되고 있다.

원내세력들과의 조화를 포함한 민주당 내부의 통합문제는 출범하는 박 대표 체제의 일차적인 과제이다. 그리고 새로운 체제가 들어선다고 할지라도 여전히 원내 11명인 민주당이 어떤 식으로 강화될 수

* 2007년 4월 4일, CBS 뉴스해설

있을지 쉽지 않은 문제이다. 민주당 정통모임 대표를 역임했던 박상천 대표가 민주당에 대한 이미지를 강하게 할 수 있지만, 역으로 구시대 정당의 이미지를 줄 수도 있다는 우려도 일고 있다. 박 대표 체제의 출범이 이른바 '한화갑 체제'에서 '박상천 체제'로, 소수정당 내부의 권력 중심만 바뀌는 상황이 된다면 민주당은 더 이상 희망이 없다고 할 수 있다,

박 대표 체제가 민주당 중심을 강조하지만, 정계개편과 통합문제는 민주당 진로에서 관건이 될 수밖에 없다. 차기 총선 이전에 대통령 선거가 있고 정계개편이 불가피한 상황이기 때문이다. 김대중 전 대통령은 최근 CBS와의 대담에서 통합신당이 어렵다면 후보단일화로 12월의 대선을 치르고 대선 이후 통합신당을 추진하는 것도 생각해볼 수 있다고 제기했다. 아주 의미 있는 지적으로 보인다.

그러나 김홍업 씨 전략공천 문제도 그랬고, 이번 통합추진 전략에 관한 대담 내용도 민주당 전당대회에서 이른바 김심에 관한 논란을 불러일으켰다. 민주당의 진로나 통합신당 추진에서 김대중 전 대통령의 역할 문제는 다시 한 번 생각해볼 일이다.

한미 FTA 문제가 정국을 휩쓸고 있다. 그러나 다시 대선정국으로 되돌아가면서 FTA 문제도 대선정국의 쟁점으로 흡수될 것이다. 방향조차 설정하지 못하고 있는 비한나라당 통합추진 세력들의 움직임이 빨라질 수밖에 없어 보인다.

유력 대선주자를 중심으로 한 이합집산보다는 정당이나 정치세력의 정비가 우선적이고 현실적이라고 생각한다. 대통령 선거를 앞둔 정계개편이기 때문에 유력한 대선 후보의 향배는 분명 정계개편의 중요한 축이다. 그러나 고건 전 총리가 정치 일선에서 물러난 이후, 통합신

당의 구심점이 될 정도의 유력한 대선주자는 사실상 없는 상태이다. 또 정치적 명분이나 방향에 대해서 공유하지 않은 채, 지명도 있는 인사를 내세워 이합집산하는 것은 바람직하지도 않다. 성공 가능성도 거의 없다.

박상천 대표체제의 출범이 구시대 민주당 이미지를 넘어 새로운 비전을 주는 정당으로 재탄생되는 계기가 되길 기대한다. 정계개편과 통합신당 추진 역시 유력 주자 띄우기와 줄서기 전략 이전에 정당과 정치세력을 재정비하는 작업이 우선 필요하다고 본다.

(이후 박상천 대표체제의 민주당은 통합을 주도하겠다는 공언과 달리 오히려 통합 논란 이전보다 더 취약한 환경에 놓인 채, 다시 원대 9석의 정당으로 회귀했다. 기본적으로 민주당 내부의 통합과 확대재편을 도모하지 못하고 대통합론에만 맞서온 박상천 대표체제 자신의 책임이다. 그러나 여기에는 대통합을 우선하면서 결과적으로 민주당의 통합 주도력을 약화시킨 김대중 전 대통령의 행보가 적지 않은 영향을 미쳤다. 물론 현 정당체제는 17대 대선, 나아가 18대 총선에 이르기까지 여전히 유동적인 상황이다.)

4·24 재보선의 유시민, 4·25 재보선의 김홍업

2003년의 4·24 재보선은 민주당이 추락하는 결정적인 분기점이었다. 노무현 대통령 권력을 배경으로 유시민에 대한 어거지 연합공천이 있었다. 이 선거를 통해 정치무대에 공식으로 등장한 유시민은 노무현 정권의 파란을 만드는 데 중요한 몫을 하게 된다. 그로부터 4년이 지난 2007년 4월 25일, 4·25 재보선이 치러진다. 4·24, 4·25 희한하게 하루 차이이다. 이번에는 김대중 전 대통령의 아들 김홍업이 '아버지의 이름으로' 어거지 전략공천을 받아 출마하면서 민주당이 어려워졌다.

4·24 재보선은 노무현 정부 집권 2개월 후 2003년 4월 24일에 치러졌다. 지역구 국회의원 3명, 그리고 자치단체장 및 지방의원 29명을 뽑는 선거였다. 노무현 대통령 후보시절부터 거론되었던 민주당의 개혁 또는 재창당 논의가 대통령 당선 이후 다시 본격화되면서 민주당을 둘러싼 신주류와 민주당의 구세력 사이에 줄다리기가 전개되는 상황이었다.

* 2007년 4월 14일 인터넷신문 ≪대자보≫

과도기 상황에서 치르는 4·24 재보선에서 여당인 민주당과 노 대통령을 지지했던 개혁국민당과의 연합공천 논란이 쟁점이 되었다. 개혁당과의 연합공천 논란은 사실상 덕양갑에 출마한 유시민 후보의 문제였다. 유시민 후보는 노무현 대통령의 지원을 배경으로 김원기, 정동영, 이상수 의원 등의 영향력으로 연합공천 후보가 되어 국회의원에 당선되었다.

민주당 해체를 주장했고, 민주당과 같은 정당 구조로는 더 이상 희망이 없기 때문에 절대 연합공천은 없다(2003년 1월 3일 「오마이뉴스」 인터뷰 등)고 했던 유시민이 연합공천 후보가 되어 당선되었던 것이다. 더구나 유시민은 스스로 정당 민주주의의 핵심이라고 강조했던 상향식 공천 후보자를 제치고 낙하산 공천을 받았다. 당시 여론조사에서 개혁당 소속의 유 후보는 민주당의 안형호 후보보다 뒤졌다. 그럼에도 후보단일화를 하면 안 후보보다는 유 후보가 경쟁력이 높다는 억지 논리를 앞세운 이상수 사무총장 등의 주장이 관철되었던 것이다.

물론 당시 민주당 내부에서는 민주당을 폄하했던 후보를 민주당의 연합공천 후보로 할 수 없으며, 더구나 상향식 후보로 선출되고 여론조사에서도 앞서 있는 후보를 대체하고 낙하산 공천을 할 수 없다는 주장이 컸다. 그러나 노무현 대통령의 권력을 등에 업은 신주류의 주장이 관철됐다. 신주류가 점차 전면에 등장하고 민주당의 구세력이 소외되는 국면이 구체화되기 시작한 것이다.

4·24 재보선 과정과 결과는 민주당의 왜소화가 시작되는 전환점이었다. 또한 노 대통령 못지않게 독선적 언술로 정치적 파란을 만들었던 유시민이 본격적으로 정치무대에 등장하는 계기였다. 연합공천으로 개혁당 유시민 후보에게 덕양을 후보를 넘겨준 민주당은 양천을과

의정부의 선거구에서 후보자를 냈으나 제1야당 한나라당 후보에게 패했다. 노 정권의 신주류는 이 선거 결과를 근거로 삼아 민주당 해체를 더욱 거세게 주장했다. 그러나 당시 선거에서 민주당이 패배하게 된 결정적 요인은 민주당을 해체 과정에 있는 정당으로 간주하게 만들었던 신주류의 공격에 있었다. 금방 없어질 정당의 후보에 대한 지지가 떨어지는 것은 당연한 것 아닌가.

4·24 재보선의 연합공천으로 정치무대에 등장한 유시민은 노무현에 대한 무조건적 옹호를 대변하며 계속 주목받는다. 노 대통령의 무리수가 등장할 때마다 유시민의 무리수도 뒤따랐다. 그런 만큼 노 대통령과 비슷하게 소수의 열정적인 지지그룹은 있지만 국민 일반의 유시민에 대한 반감도 매우 컸다. 심지어 같은 열린우리당 내부에서도 다수가 그에 대해 비판적이었다. 그가 보건복지부 장관에 내정됐을 때 당 내부에서 공식으로 장관 임명을 반대하는 의견을 표명하기도 했다.

그럼에도 유시민은 보건복지부 장관으로 임명되었다(이 책의 「노무현 대통령과 유시민 의원」 참조). 2007년 4월, 1년 이상의 임기를 마친 시점에서 그가 주도한 개정 국민연금법이 국회에서 부결된 가운데, 그의 장관직 진퇴 논란이 제기되고 있다(5월 21일 장관직을 사퇴한 이후, 대통합민주신당의 대선 후보 경선에 참여했다가 사퇴하고 친노 단일후보가 된 이해찬 전 총리를 지원한다).

언제부터인가, 전략공천이라는 말이 등장했다. 민주주의 원리에 따른 상향식 공천이나 객관적 원칙에 따른 공천 심사가 보편화되면서, 이와 다른 예외적인 공천 방식을 지칭하고 있다. 당의 목적을 위해 외부 인사를 영입해 공천하는 경우에 주로 적용한다. 개인의 자질도 좋고 당선 가능성도 높지만, 당내 기반이나 지역구 기반이 취약해 후보

경선 과정에서 승리하기 쉽지 않은 경우에 예외적 방식으로 공천하는 것이다. 물론 영입인사에 대한 예우 차원이거나, 시간이 급박해 복잡한 절차를 생략하는 경우도 있다.

따라서 과연 전략공천이 필요한 상황인가에 대해 논란의 여지가 많을 수밖에 없다. 전략공천이 당내 권력자에 의해 자의적으로 활용되는 구시대적인 공천방식을 포장하는 것에 다름 아닌 경우도 적지 않다.

이번 민주당의 김홍업 공천도 전략공천이라고 한다. 지역구의 상향식 공천이나 당내 경선을 거치지 않고 중앙당의 실세들이 그냥 공천을 결정한 것이다. 전국적인 여론뿐 아니라 지역구에서도 반대하는 여론이 높은데도 그냥 밀어붙인 것이다. 더구나 그는 뇌물죄 등으로 형사처벌을 받고 최근에야 사면된 처지였다. 유일한 공천 배경은 김대중 전 대통령이라는 '아버지의 이름'이다.

그러나 무엇을 위한 전략인가가 설득력이 없다. 이를 공천한 민주당도 문제이지만, 김대중 전 대통령이나 당사자가 더 문제이다. 무슨 밀알이 되겠다며 마치 희생하기 위해 나온 것처럼 말하는 김홍업 자신은 물론, "자신 때문에 희생해온 아들이 명예회복하겠다는데 말릴 수 없었다"고 한 김대중 전 대통령의 발언 또한 스스로의 정치역정을 훼손하고 있다. 그동안 DJ와 호남의 연계마저도 DJ의 시대착오적인 섭정정치로 훼손받을 여지가 없지 않다. 안타까운 일이다.

지역 인사들의 반대 성명도 있었다. 지역 시민단체에서는 낙선운동을 펼치겠다고 한다. 김홍업의 명예회복이 아니라 김대중 전 대통령의 명예까지 실추시키는 비민주적 폭력이라면서 수백 명의 민주당 당원들이 탈당하고 있다. 선거 결과가 어찌 될지 모르겠다. 김대중 전 대통령의 첫째 아들 역시 아버지의 이름으로 3선 의원을 역임했다가 불명예 퇴진했다. 이번에는 둘째 아들이 1년짜리 국회의원 선거를 통해 정계진출을 시도하면서 지역구와 호남을 어렵게 하고 있다(선거 결과 김홍업은 54.4%의 투표율에 49.7%의 지지로 당선됐다).

통합신당이 추진되고 있다. 민주당은 그 통합신당의 중요한 축이 될 모양이다. 4·25 재보선은 지난 4년 동안 군소정당으로 견뎌온 민주당 이름의 마지막 선거일지 모른다. 2003년 4·24 재보선의 유시민과 2007년 4·25 재보선의 김홍업, 군소 민주당 역사의 시작과 끝에 걸려 있는 좋지 않은 기록들이다.

김홍업은 민주당의 이른바 대통합파와 함께 2007년 7월 민주당을 탈당해 대통합신당에 가담한다. 여론의 비난을 무릅쓰고 전략공천을 해 국회의원에 당선케 했던 민주당을 당선 3개월도 안 돼 탈당한 것이다. 자신의 아들에 대한 무리한 전략공천으로 흔들리기 시작했던 김대중 전 대통령에 대한 신뢰는 김홍업 의원의 탈당과 대통합신당 추진과정에서 또 한번 타격을 받는다. DJ의 이런 행보가 아쉽게도 그의 정치역정의 말기에 불명예스러운 기억으로 남을지, 현실 정치인으로 던지는 마지막 승부수가 될지는 두고 볼 일이다. 17대 대선에서 대통합신당의 성공 여부가 변수가 될 것이다.

4·25 재보선 이후 정치권의 행보

　4·25 재보선 이후 나타난 정치권의 변화는 선거 결과에 따른 반응보다 대선정국과 정계개편의 구체적인 일정이 촉박해지면서 나타난 점이 크다. 재보선 자체가 미친 영향은 크게 세 가지로 압축할 수 있다.

　첫째, 한나라당의 내분이다. 물론 선거 결과의 직접적인 후유증이라기보다 이미 누적되어온 박·이 양대 진영 간의 권력투쟁이 증폭돼 나타난 것이다. 이번 선거에서 한나라당의 예전 기세가 조금 꺾였던 것은 사실이다. 그러나 여전히 1등이었다. 쟁점이 된 '대전 서을'의 경우도 개별 인물의 비중이 컸고 예상할 수 있는 수준의 선거 결과였다.

　박근혜 전 대표와 이명박 전 시장의 갈등은 경선 등록 일정이 다가오면서 기로를 향해 갈 수밖에 없어 보인다. 분열의 가능성이 여전한 가운데, 위기상황을 인식한 듯 이들의 단일화를 조선일보 김대중 고문이나 뉴라이트 등에서 충고하고 있다. 지난 2월 유시민 보건복지부 장관이 17대 대선에서 한나라당의 집권 가능성이 99%, 즉 사실상 이미

---

* 2007년 5월 2일, 「통합과 비전」 토론회 발표문

확정된 것이나 다름없는 것처럼 말하기도 했으나, 한나라당의 집권 가능성은 점차 더 불안해 보인다.

둘째, 민주당은 재보선에서 '민주당 중심의 통합'을 확인한 것처럼 말하고 있으나, 선거 자체가 민주당의 통합 주도권에 미친 영향은 별로 없어 보인다. 더구나 김홍업의 전략공천은 민주당의 정당성 강화에 결코 도움이 되지 않은 정치적 선택이었다.

2003년 4·24 재보선에서 노무현 대통령의 권력을 등에 업은 유시민의 전략공천으로부터 민주당의 군소정당화가 시작됐다면, 그로부터 4년 뒤인 2007년 4월 25일 김홍업의 전략공천이 정계개편을 앞둔 군소민주당 역사의 끝자락을 장식하는 것인지 모르겠다.

셋째, 4·25 재보선 결과에서 가장 두드러진 새로운 현상은 무소속의 부상이었다. 사실 이것이 새로운 현상은 아니다. 15대 총선에서부터 무소속의 당선은 주목을 끌었다. 15대 총선에서 경북, 16대에서 호남, 이렇게 기성 거대정당들의 지역적 독점력이 조금씩 약화되는 양상을 보였다. 그러나 열린우리당 창당과정의 대립, 탄핵정국 등을 거치면서 다시 정당끼리의 세력대결이 정치를 압도하는 양상이 되었던 것이다.

물론 현행 대통령제가 지속되는 상황에서 무소속이나 군소세력의 정치 진입은 한계가 있을 수밖에 없다. 그러나 거대정당들의 독점적 지배력이 과거처럼 무조건적으로 이루어지지는 않을 것이란 점도 간과할 수 없다.

통합신당을 선언한 세력 중 중도개혁통합신당(대표 김한길)이 맨 먼저 정당 모습을 만들었다. 물론 열린우리당을 탈당하면서 선언했던 통합신당의 모습은 아니다. 다른 당 출신 1명이 가담하기는 했지만 열린우리당 소속 의원들 일부가 분당해 새 당을 만든 것이나 다름없다. 현재의 정당이 종착역은 아니고 대통합을 위한 큰 그릇이 되겠다고 한다. 그러나 비한나라당·비열린우리당 세력의 대통합을 말하면서 열린우리당 출신의 일부가 탈당세력의 큰 그릇이 되겠다는 주장이 그렇게 설득력이 있어 보이지 않는다. 정계재편 과정에서 기득권을 협상하기 위한 조직이 되어 오히려 대통합에 방해가 될 수 있다는 비판도 있다.

근본적으로 최근의 대통합론 자체가 국민 다수에게 열정적인 공감을 주는 것 같지 않다. 대통합 주창자들은 비한나라당·비열린우리당 세력의 통합을 말하고 있다. 비한나라당은 명실상부한 주장이다. 그러나 비열린우리당 문제는 여전히 남는다. 절대 대수가 열린우리당 출신인 상황에서 단지 탈당했다고 해서 기존 열린우리당 문제가 해결되는 것은 아니기 때문이다. 물론 과거보다는 미래를 향한 통합이라는 점을 강조한다. 그러나 과거와 현재에 대한 책임과 정리가 없이, 더구나 그 당사자들이 앞장서 말하는 통합론은 허전할 수밖에 없다.

따라서 시민사회와의 결합도 물타기 전략으로 느껴질 수밖에 없다. 또 거론되는 시민사회 세력 중에는 기성 정치권 못지않은 정치꾼들도 있다. 그동안 정치권에 직간접적으로 참여해온 인사들이 마치 새로운 대안세력인 것처럼 나서고 있다.

열린우리당과 대립해온 민주당은 이제 통합의 주도권이 자신들에게 있다고 한다. 물론 민주당은 열린우리당의 과오로부터 상대적으로 자유롭다. 그러나 국민들로부터 대안세력으로는 별로 인정받지 못하고 있다. 여전히 5% 내외의 지지율이다. 새로운 활력을 보여주지 못하면서 군소화된 구세력 이미지에서 벗어나지 못하고 있다. 새로운 통합 세력의 중심이 되려면 반(反)열린우리당만 가지고는 안 된다. 한나라당 역시 반열린우리당 세력이다. 이제 민주당의 정치적 경쟁 대상은 점차 열린우리당이 아니라 한나라당으로 넘어간다. 대안세력이 되려면, 한나라당과 대결할 수 있는 경쟁력이 있어야 하며, 국민들이 미래를 위한 대안세력임을 공감할 수 있도록 해주어야 한다. 4·3 전당대회를 당의 활력의 계기로 삼겠다고 했지만, 한 달이 넘은 시점에서 여전히 정체화돼 있는 느낌이다. 열린우리당 탈당파 등의 한계가 반드시 민주당에 대한 기회가 되지만은 않을 것이다.

정치세력으로는 구체화되지 않았지만, 손학규 전 경기지사는 최근 비한나라당 정치인 중 가장 유력한 차기 대선주자로 거론되고 있다. 그러나 비한나라 세력의 구심점이 되기에는 그의 한나라당 전력과 탈당 계기가 논란의 여지를 남기고 있다. 물론 손 전 지사는 열린우리당 출신들처럼 통합을 강조하지는 않는다. 대신 미래를 강조한다. 선진평화를 강조한다. 한국 사회의 미래를 향한 새로운 패러다임을 아주 적극적으로 제시하는 편이다. 그럼에도 열린우리당 출신과 마찬가지로 과거에 대한 정리가 없기 때문에 그의 주장이 무언가 허전하다.

미래 비전에 토대를 둔, 미래를 향한 통합이 당연히 필요하다. 그러나 국민이 신뢰할 때 이런 비전에 대한 공감도 이루어질 수 있다. 국민의 신뢰를 회복하기 위해서는 그동안의 과오에 대한 책임 있는 자세가 필요하다.

독주하는 한나라당의 불안

4·25 재보선 후유증과 맞물려 증폭됐던 한나라당의 내분이 일단 봉합됐다. 일부 언론에서는 이번 갈등이 당의 분열로까지 이어질지 모른다며 주목하기도 했다. 그러나 2일 오전 이명박 전 시장 측이 강재섭 대표체제의 쇄신안을 수용하면서 파국적인 대립은 피했다. 그렇지만 갈등의 핵심 요인은 그대로 남아 있다.

알다시피 한나라당은 당 지지율과 예비 대통령 후보 지지율 모두 오랫동안 독주해왔다. 한때는 정당 지지도가 50%에 이르고 두 예비후보의 지지율은 70%에 이르기도 했다. 지난 2월 유시민 보건복지부 장관은 오는 17대 대선에서 한나라당의 집권 가능성이 99%라고까지 했다. 여전히 한나라당의 집권 가능성이 높다고 할 수밖에 없다. 그러나 한나라당의 미래를 불안하게 보는 사람들이 점차 늘고 있다.

이번 갈등을 4·25 재보선 실패에서 비롯된 후폭풍이라 하고 있다. 그러나 사실 4·25 재보선 결과가 한나라당의 참패까지는 아니었다. 오

* 2007년 5월 3일, CBS 뉴스해설

히려 그동안의 높은 지지율이 비정상이었다고 할 수 있다. 그러다 이번 재보선에서 그동안의 추세가 조금 꺾이는 모습을 보이면서 당내 갈등으로 증폭된 것이다. 당의 쇄신을 쟁점으로 내걸고 있지만, 갈등의 핵심에는 두 예비후보 간의 권력투쟁이 있다. '뉴라이트전국연합' 등 한나라당에 우호적인 외부단체들까지 당 내부의 갈등에 가세하는 형국이다.

많은 관측자들은 두 대권 후보의 분열 가능성을 배제할 수 없다고 보고 있다. 민주화 이후 선거에서 통합한 세력은 성공했고 분열한 세력이 실패했다는 사실은 다 아는 바이다. 박근혜 전 대표 진영과 이명박 전 시장 진영의 갈등이 일차원적인 세력 대결이라는 점에서 타협점을 찾기가 쉽지 않아 보인다.

현재의 높은 지지가 대선 때까지 유지될 수 있을 것인가도 한나라당이 노심초사하는 부분이다. 현재 지리멸렬한 상태에 있는 통합신당 진영 후보들이 재정비되면 상황이 달라질지도 모른다. 더구나 한나라당 후보가 선거 이전 여론조사에서 내내 앞서가다 본선에서 패배했던 지난 두 번의 대통령 선거를 한나라당 스스로도 기억하고 있다.

박 대표 측은 이 시장이 선거과정에서 악재나 약점이 불거질 경우, 쉽게 무너질 수도 있다는 점을 지적하는 것 같다. 그래서인지 후보로 선출되기 이전에 후보에 대한 검증이 충실히 이루어져야 한다는 점을 강조하고 있다. 이 시장 측은 박 대표의 본선 경쟁력이 자신보다 낮다고 평가하는 것 같다. 그래서 일반 국민의 경선투표 참여 비율을 높이려 하고 있다.

한나라당에 맞서온 여권과 민주당 진영은 아직도 통합신당 방향조차 잡지 못하고 있다. 상대 경쟁세력이 정비되지 않고 있기 때문에 한나라당이 오히려 자중지란을 하고 있는지 모른다. 그렇지만 구여권과 민주당 진영의 이합집산도 조만간 좀 더 구체화될 수밖에 없을 것이다. 한나라당 내부의 세력 갈등 역시 경선 일정이 가까워지면서 마지막 기로를 향해 가고 있다.

각자 서 있는 위치에 따라 자기편이 권력투쟁에서 성공하길 기대할 것이다. 정당이나 정치세력의 성공 여부는 결국 유권자의 지지 여부에 달려 있다. 과거에 대한 책임, 미래에 대한 비전, 정치세력들의 이합집산에서 우리가 주목해볼 부분이다.

(한나라당의 17대 대선 후보는 최종 경선투표를 통해 이명박으로 결정됐다. 투표 이전의 모의 조사에서는 이명박 후보가 월등히 앞서는 것으로 나타났으나, 8월 19일의 실제 투표에서는 간발의 차이로 박근혜 후보를 누르고 승리했다. 당원 중심의 직접 투표에서는 박근혜 후보가 앞섰으나, 여론조사에서 앞선 이명박 후보가 합산 결과 1.5% 차이로 승리한 것이다.)

김근태 의원의 불출마 선언과 대통합론

김근태 의원이 6월 12일 평화개혁세력의 대통합을 위한 밀알이 되겠다며 17대 대선 출마 포기를 선언했다. 그의 민주화 운동과 정치 역정을 생각하면 안타까운 일이다. 범여권에서는 그의 이번 결단이 통합의 새로운 전기가 되길 기대하고 있다. 일부에서는 이미 당선 가능성이 거의 없는 상태에서 출마를 포기한 것이 뭐 대단한 것이냐고 의미를 축소하기도 한다. 출마 포기에 어떤 의미를 부여하든, 이번 선언을 계기로 범여권의 통합 추진은 새로운 계기를 맞고 있다.

유감스럽게도 대통합을 위해 온몸을 던지겠다는 김근태 의원의 절실한 호소에 비해 그 대통합에 대한 국민적 공감이 그렇게 커보이지는 않는다. 국민은 단지 통합만 기대하는 것이 아니라 새로운 대안을 기대하기 때문이다. 사실 통합, 대통합이 우선 필요했을 때는 노무현 정권 초기였다. 그러나 이때는 개혁을 외치면서 분열로 나아갔다. 노무현 정권에 대한 신뢰 추락으로 이제 반성이 요구될 때 대통합을 외

* 2007년 6월 13일, CBS 뉴스해설

치고 나오고 있다.

한나라당에 대응하는 세력이 통합되어야 한다는 주장은 타당하다. 한국의 대통령제에서 통합하지 않고는 승리할 수 없기 때문이다. 그러나 한나라당에 대한 대응 세력을 기대하는 국민은 노무현 정권과 열린우리당에 대한 극복도 요구하고 있다. 이 점에서 민주당은 자신들이 참여정부의 굴레로부터 자유로운 비한나라당 세력의 중심이라고 주장해왔다. 그래서 수적으로는 소수임에도 그동안 통합 논란의 중심에 있었다. 그러나 군소정당의 한계를 극복하지 않고는 새로운 대안세력의 중심이 되기 어려운 실정이다.

국회의석 기준으로는 참여정부와 열린우리당 출신이 비한나라당 세력의 다수를 차지하고 있다. 극복의 대상이라는 참여정부 세력이 또 대안세력으로 나서고 있는 형편이다. 제3지대 신당운동을 하는 시민운동 세력의 상당수도 사실은 이미 기성 정치권에 직간접으로 관여해 온 사람들이다. 그런데 마치 전혀 새로운 대안세력인 양 내밀고 있다. 이것이 황폐화된 민주화 진영의 현실이고 딜레마이다.

이런 딜레마 속에서 열린우리당 세력은 대통합을 내세웠고, 민주당 진영은 주로 책임을 강조했다. 책임론의 극단적인 형태가 한때 박상천 민주당 대표의 '배제론'으로 나타났다. 이번 김근태 의원의 출마포기 선언에서는 역으로 민주당 주류를 배제하는 '역배제론'을 깔고 있는 인상이다. 혹시 이런 식의 대통합을 추구한다면 그것은 참여정부 집권 세력이 흩어졌다 모이는 매스게임의 호도전략에 불과할 것이다.

평화개혁세력의 대통합을 내세우지만, 그 안에서도 노무현 정권에 대한 시각과 입지의 차이가 작지 않다. 내부의 주도권 싸움과 권력투쟁도 있다. 대통합 구호만 아니라 정치적 입지의 차이를 통합할 수 있는 구체적인 전략과 노력이 필요하다. 국민경선을 거치면서 과거에 대한 책임과 미래에 대한 비전을 모두 검증할 수 있다는 주장에 일리가 없지 않다. 그래도 참여정부의 당사자들이 전면에 나서서 대통합을 선창하는 것은 여전히 국민적 호소력이 약하다. 김근태 의원의 결단이 책임 있는 또 다른 정치인들에게도 대안세력의 통합을 위한 헌신적 태도로 이어지길 기대한다.

대통령님, 이제 그만!

　　노무현 대통령이 공직선거법을 위반했다는 중앙선거관리위원회의 결정에 청와대가 온전히 승복하지는 않는 것 같다. 선관위의 결정을 존중한다고 말하면서도, 오히려 냉소적인 태도를 보이고 있다. 앞으로는 대통령의 발언에 앞서 일일이 선관위에 위반 여부를 질의하겠다며, 이해하지 못하겠다는 반응이다.

　　대통령의 선거중립 적용에 대한 청와대의 문제제기에 일리가 없는 것은 아니다. 그러나 대통령이 직접 나서서 정치적 논란을 불러일으키면서 해결할 일은 아니다. 더구나 지지세력 수련회, 대학 강연장, 국가기념사, 신문 대담, 이곳저곳에서 쏘아대는 대통령의 막말은 그나마 온당한 주장마저도 빛을 바래게 한다.

　　청와대는 대통령으로서 직무수행 자체가 근본적으로 공무원으로서 중립 논란을 야기할 가능성이 있다고 보고 있다. 6월 8일 원광대의 강연에서 지적했듯이, 노 대통령은 공무원의 선거중립 조항을 대통령에

---

* 2007년 6월 20일, CBS 뉴스해설

게 그대로 확대·적용하려는 것이 위선이라 주장한다.

사실 대통령으로서 지위와 역할은 다른 공무원들과 다르다. 국가정책을 채택하는 과정에서 결과적으로 정파적인 선호가 나타날 수 있다. 대통령의 업무수행과 정책에 대한 논란은 정치적 쟁점이 될 가능성이 크다. 더구나 선거를 통해 경쟁하고 권력을 장악하는 정치인으로서 선거중립의 의미는 아주 애매할 수 있다.

그렇더라도 최근 두 번에 걸쳐 위법 결정을 받은 노 대통령의 발언은 대통령으로 일상적인 업무수행에서 결과적으로 나타난 것이라기에는 지나친 것이었다. 의도적인 공격이었고, 품위를 잃은 거친 말이었다. 같은 내용이라도, '아 다르고 어 다르다'고 하듯이, 국가지도자로서 차분하게 의견을 피력했다면 다른 판단도 가능했을 수 있다고 본다.

우리나라는 국가운영과 관련된 법치주의의 시행착오 과정이 일천하다. 민주화 이전에는 민주적인 법치주의 원리 자체가 가동되지 않았다. 민주화 이후에야 이제 그동안 검증되지 않았던 추상적인 조문들이 현실의 문제가 되고, 논란이 제기되기도 한다. 이런 시행착오를 겪으면서 우리의 현실에 맞게 법질서가 조정될 수도 있을 것이다.

노무현 대통령이 나서서 이런 부분에 대한 문제제기는 할 수 있다고 본다. 또 우리 사회의 잘못된 관행에 도전하겠다는 노 대통령의 의지를 이해할 수도 있다. 그러나 민주국가의 지도자는 국민 여론에 호응해야 하고 입헌주의 원리를 존중해야 한다. 계몽군주가 아니다. 지난 개헌 제안이나 최근의 언론선진화 방안도 그래서 문제였다.

헌법기관의 결정에 비아냥거리는 자를 헌법에 기초한 최고의 지도자라고 하기는 어려울 것이다. 노 대통령의 좌충우돌과 파격적인 행보, 이제 그만두어야 한다. 그동안의 문제제기로도 충분하다. 남은 기간 다음 정권에서 할 일까지 걱정하기보다는, 더 이상 국민을 불안하게 만들지 않는 것만이라도 기대한다.

대통령의 발언에 앞서 일일이 선관위에 위반 여부를 질의하겠다던 청와대는 2007년 6월 29일 실제로 선관위에 질의했다. 그러나 선관위는 발언하지 않은 내용에 대해 사전 검토를 하는 것은 적절치 않다고 답했다. 또 선거중립 의무와 사전선거운동 여부에 대한 판단에 있어서는 동일한 내용이더라도 시점과 파장, 청중 등에 따라 종합적으로 고려해야 한다고 밝혔다. 따라서 청와대가 헌법재판소와 대법원의 판례, 선례를 참고해 판단하기 바란다는 내용으로 답변을 보냈다고 중앙선관위 측은 설명했다.

청와대 측은 선관위의 응답에 대해 "일관성이 없다"고 반박하는 설전을 벌이며, 7월 11일 질의서를 공개했다. 「한나라당의 청와대 정치공작 주장에 대한 대통령과 청와대의 반론」이란 제목으로, 한나라당 이명박 예비후보를 둘러싼 의혹 제기가 청와대의 공작에 의해 이루어지고 있다는 한나라당과 이명박 진영의 주장을 반박하는 것이었다. 반박하려는 발언 5가지에 대한 위반 여부를 검토해달라는 것이었다. 또 대통령이 선거법을 위반했다는 선관위의 판단에 비추어본다면, 지난 4년 동안 한나라당과 이명박 후보 진영은 수없는 사전선거운동을 해오고 있는 것이라고 선관위 판단의 애매함을 지적하기도 했다.

선관위 판단에 대해 대통령은 헌법재판소에 헌법소원을 제기했다. 과연 대통령이 헌법소원의 주체가 될 수 있느냐가 논란이 되는 가운데, 헌재의 판단을 남겨놓고 있다. 노무현 대통령은 대통령으로서가 아니라 국민으로서 기본권 침해를 받고 있다는 취지에서 헌법소원을 제기했다고 했다. 그러나 중앙선관위는 "대통령은 지극히 사적인 영역까지도 대통령직 수행과 불가분의 연관성이 있는 존재"로 사적 영역과 공적 영역을 구분할 수 없으며, 선거법 위반 경고를 받은 원광대 등의 발언은 더 명백한 대통령으로서의 공적인 강연이었다고 반박하면서 헌법소원 자체가 성립되지 않는다는 의견을 헌법재판소에 제출했다. 국가나 국가기관, 국가조직의 일부는 헌법소원의 자격이 없다는 것이 헌재의 판례라는 것이다. 또 헌소 요건을 갖췄다고 할지라도, 선거법 위반이기 때문에 기각돼야 한다고 주장했다.

정체성 갈등 속의 대통합민주신당

한나라당과 경쟁하기 위해 통합신당을 만들자며 대통합을 걸고 출범한 대통합민주신당에 대한 지지율이 여전히 한나라당의 1/3밖에 되지 않는다. 지지율을 높이는 이벤트로 삼고 있는 후보경선에 대한 관심도 아직 시큰둥하다. 기세를 올려야 할 국면에 정윤재 전 비서관 비리 논란, '신정아·변양균 사건'까지 터져 죽을 맛이다.

외형상으로 보자면 대통합민주신당은 열린우리당보다 확대 통합된 정당이다. 기존의 열린우리당이 통째로 참여한 가운데, 민주당 출신의 일부가 가세했고, 한나라당에서 탈당한 손학규 전 지사가 합류했다. 시민사회 세력을 자임한 '미래창조'도 참여했다.

그러나 열린우리당의 문제가 외형적인 세력 부족에 있었던 것이 아니다. 이미 열린우리당은 원내 제1당이었다. 문제는 국민들이 이 여당을 지지하지 않는다는 데 있었다. 열린우리당이 아닌 새로운 정당이 필요했던 것이다. 또 열린우리당 창당 이후 분당의 딜레마로 남아 있던 민주당과의 분열을 극복해야 했다.

민주당과의 분열을 극복하지 못한 상태로 신당은 출범했다. 시민사회 세력이 가세해 새로운 정당이라는 이미지를 노렸지만, 새로운 정당 자원으로는 미약했다. 기본적으로 그들은 범 열린우리당세력이었다. 민주당뿐 아니라 문국현 후보 또한 통합신당 외부에서 새롭게 부각되고 있는 상태이다. 민주당 출신과 미래창조 세력이 신당 지도부의 전면에 섰음에도 신당이 열린우리당을 부분적으로 재편한 정당이라는 이미지를 주고 있다. 열린우리당 출신의 현역의원과 정치인이 압도적인 다수를 차지하고 있는 상황에서 이들을 배제하지 않는 한 불가피한 상황이다. 기득권을 포기한 대통합을 말했지만, 사실은 "최대 다수의 최대 기득권"을 보장하는 통합이다.

비한나라당의 가장 유력한 대선 후보로 부상했던 손학규 전 지사는 대통합민주신당에 합류하면서 그의 양면성 중 약점이 부각되고 있다. 손 후보는 노무현 대통령과 열린우리당에 대한 반사적인 대안으로 주목을 받았다. 한나라당 출신이기 때문에 참여정부와는 차별적인 후보일 수밖에 없었다. 그러나 한나라당 출신이 한나라당 후보와 싸우는 비한나라당의 대표 후보로 나서고 있는 딜레마를 극복해야 했다.

탈당 이후 독자 세력으로 있을 때는 미래와 대안 세력의 이미지로 이 딜레마를 극복하려 했다. 그의 경제 도지사로서의 경험과 인텔리적 요소도 한몫하면서 비한나라당 후보 중 가장 높은 여론 지지를 받았다.

그러나 한나라당과 대척점을 설정하고 있는 대통합민주신당의 프레임에서 손 후보는 적극적인 입지를 확보하지 못하고 있다. 더구나 당내 친노(친 노무현) 세력의 입지가 부각될수록 반노를 배경으로 했던 그의 무기는 성토의 대상이 될 수밖에 없다. 일반 국민 여론조사를 포함한 예비경선에서는 손 후보가 1등을 했지만, 당 조직의 비중이 큰

본 경선의 초반에는 정동영 후보가 선두를 달리고 있다.

경선 본선에 나선 이른바 친노 진영의 세 후보가 이해찬 후보로 단일화하면서 정동영, 손학규, 이해찬 세 후보가 경선을 치르고 있다. 노무현 정권에 대한 태도를 기준으로 언론에서는 비노, 반노, 친노 후보들의 경선으로 규정하고 있다. 누가 후보가 되느냐에 따라 통합신당의 성격은 달라진다. 열린우리당을 해체하고 대통합해 새로운 정당으로 태어나겠다는 신당이었지만, 신당 이전의 구도가 그대로 남아 있다. '도로열린우리당'을 부정하려는 후보도 있고, 오히려 자랑스러워하는 후보도 있다.

미완의 통합, 혼돈된 정체성, 대통합민주신당의 현주소이다. 그러니 국민적 호소력이 약할 수밖에 없다. 후보 경선을 거치면서 당의 정체성은 정비될 것이다. 또 그 결과에 따라 단일화 및 재통합에 대한 전망도 달라질 것이다.

대선정국의 위기

17대 대선을 앞둔 가장 특징적인 현상은 무엇보다 민주화 정권 진영이 정당과 후보 모두 황폐화된 상태라는 것이다. 야당인 한나라당과 당의 후보에 대한 지지율이 50% 이상인 상태가 9개월 이상 지속돼오고 있다. 고건 전 총리가 정치일선 퇴진을 선언한 이후, 비한나라당 어느 후보도 10% 이상의 지지를 안정적으로 받지 못하고 있다. 한나라당의 완전한 독주체제이다.

민주화 정권 진영에서는 지난 두 번의 대선에도 한나라당의 독주가 있었으나 막판에 역전되었다는 사실을 들며 변화 가능성을 기대한다. 그러나 그때와는 비교할 수 없을 정도로 민주화 진영의 기반이 아주 취약하다. 노무현 정권의 후과가 너무 크다.

대통합을 표방한 대통합민주신당은 호소력 있는 명분을 제시하지 못하고 있으며, 민주당은 제2의 분당을 거치면서 더욱 왜소해진 느낌이다. 두 당의 전망이 불투명하자, 문국현 전 유한킴벌리 사장이 비한나라당의 새로운 후보로 부각되고 있으나, 아직 군소 후보의 한 사람을 벗어나지 못하고 있다.

범여권이 지지부진한 가운데, 진보정당인 민주노동당이 한나라당에 맞서는 양당구조의 주축이 되겠다고 선전적인 주장을 하고 있다. 3수째 도전하고 있는 권영길 후보가 최종 후보로 확정됐다. 결선투표까지 가서 47.27% 지지를 얻은 심상정 의원의 활약도 새로운 성과였다. 양당체제의 축이 되겠다고 호언하지만, 17대 총선에서 얻은 진보세력의 입지를 얼마나 유지, 확대시킬 수 있을 것인가가 현실적인 과제이다.

독주하고 있는 한나라당의 이명박 후보를 둘러싼 의혹이 다시 제기될 가능성이 없지 않다. 비판세력이 지적하는 70년대식 토건업적인 사고는 '한반도대운하'만이 아니라, '마사지 걸' 논란과 같은 일상적인 발언에서도 드러나고 있다. 그럼에도 50% 내외의 지지로 독주하고 있다. 민주화 정권 진영의 위기뿐 아니라, 한국정치 전반의 리더십 위기이다.

언론인들의 권력 질주

이런 가운데 언론인들의 정치권력을 향한 질주가 두드러지고 있다. 예전에도 언론인 출신의 정치권 진출이 적지 않았다. 그러나 이번에는 수적으로도 많고, 현직에서 바로 후보의 캠프로 옮겨간 경우도 많다. 특히 지지율이 높은 한나라당에는 경선 캠프에서부터 수십명씩 참여했다. 미디어정치 비중이 강화된 정치 환경이 크게 작용했을 것이나, 이번에 두드러진 언론인의 질주는 새로운 현상으로서 좀더 다른 분석이 요구된다.

시대정신과 선거 쟁점

이번 17대 대선정국에서 '시대정신'이라는 용어가 유난히 자주 등
장하고 있다. 16대 대선에서 노무현 대통령의 부상하게 된 배경을 시
대정신이라는 용어로 설명하면서 선거전문가와 정치인들이 자주 쓰
기 시작했다. 철학자, 역사학자들이 써온 시대정신(Zeitgeist)은 '한 시대
의 문화적 소산에 공통되는 인간의 정신적 태도나 양식(樣式)', 또는
'역사적 발전 단계를 구현하는 정신'으로 쓰이고 있다. 우리의 선거와
관련해 쓰이는 시대정신은 쟁점, 화두, 담론 등과도 혼용되어 쓰이고
있다.

후보들은 자신의 장점을 시대정신과 결부시키거나, 자신이 시대정
신을 가장 잘 실천할 수 있다고 홍보한다. 시대정신으로 가장 많이 거
론되는 것이 경제, 평화, 통합이다. 사실 이들은 시대정신이라기보다
국가적 과제, 우선적인 실천과제 등으로 보면 될 것이다. 시대정신이
라고 하면 좀 거창하게 들린다. 자신의 실천과제에 역사적 의미를 부
여하려는 것이다.

경제가 중요하다는 것은 이번 선거만이 아니다. 매 선거 때마다 여
론조사에서 가장 시급하고 중요한 과제는 경제였다. 또 어느 후보도
경제문제가 가장 중요한 쟁점이 아니라고 부인할 수 없다. 노무현 정
부 내내, 부동산 폭등, 양극화, 비정규직 문제, FTA 등이 쟁점이 되면
서 17대 대선을 앞두고 특히 경제문제가 중시된 점도 있다.

경제문제가 중시되면서 경제전문가 대통령론이 제기됐다. 기업가

가 곧 경제전문가는 아니지만, 기업가 출신 이명박의 경제대통령론으로 자주 인용됐다. 경제대통령은 경기도지사 시절 지역의 경제활성화에 기여했다고 자부하는 손학규 후보에 의해서도 제기됐다. 물론 경제대통령은 경제를 살리는 대통령을 말하는 것이지, 기업가 출신의 대통령을 말하는 것이 아니다. 더구나 중요한 경제문제로 제기된 부동산값 폭등이나 FTA 문제를 해결하는 데 필요한 지도자의 자질과 기업가적 경험은 다른 문제이다.

국제적 경험으로 본다면 기업가 출신의 국가지도자들 중에는 경제적 성공을 주도한 쪽보다는 실패한 쪽이 더 눈에 띈다. 1990년대 이탈리아 갑부 출신으로 총리가 됐으나, 경제적 성과는 보이지 못한 가운데 부정비리로 아직까지 소송 중인 베를루스코니 총리나, 1930년대 대공황을 루스벨트에게 넘긴 미국의 후버 대통령 등이 그런 예이다.

경제든 무엇이든 국가적 에너지를 어떻게 이끌어낼 수 있느냐가 중요한 관건이다. 이 점에서 통합은 분명 한국 사회의 중요한 과제이다. 더구나 노무현 정권의 분열적인 리더십의 한계는 통합적 리더십의 출현을 요구하고 있다. 물론 이것이 차별적인 선거쟁점이 될 수 있을 것인가는 별개의 문제이다.

민주화 이후 한국사회 발전 과제를 관통하는 정신, 바로 이 시대정신은 무엇인가? 생각해보자.

정책 경쟁과 지도자의 자질

"아무리 좋은 정책을 가진 사람이라도 국민이 싫어하는 지도자, 사람 가슴에 화살을 꽂고 아픔을 주고 칼질하는 후보로는 …… 이길 수 없다.” 본 경선에 앞서 사퇴했던 대통합민주신당의 한명숙 예비후보가 경선과정에서 했던 말이다. 공감이 간다. 정책적 판단과 역량 이전에 국민의 신뢰를 얻지 못하는 지도자는 성공할 수 없다는 것이다.

선거에서 후보에 대한 판단 기준은 다양한데, 근래 우리의 언론이나 선관위에서 가장 많이 강조하고 있는 것이 정책이다. 지난 총선에서부터는 정책 내용과 실천 약속을 검증하는 매니페스토운동도 전개되고 있다. 매우 바람직하다. 그러나 정책 못지않게 후보자의 자질이나 리더십에 대한 판단도 중요하다. 리더십의 실패는 정책적 효과 자체를 무력화시킬 수 있다.

사실 노무현 정부 실패의 핵심은 리더십의 실패였다. 이른바 친노 진영에서도 “정책적 실패가 아니라 정치적 실패”라며 리더십의 실패를 인정하고 있다. 리더십에 대한 불신이 노 정부에 대한 온전한 평가를 어렵게 한 측면도 있지만, 정책의 목적 달성 자체를 어렵게 했다. 좋은 구상이라도 국민들의 신뢰를 받지 못하면 성공할 수 없다. 국민적 불신으로 악순환 과정을 거치다가 점차 강화된 고강도 처방이 이루어지면서 그나마 효과가 나타났던 부동산 정책도 그런 경우이다.

17대 대선의 과제는 ‘리더십의 위기’가 초래한 위기를 극복하는 새로운 리더십을 세우는 일이다.

지은이

김만흠(金萬欽)
서울대 정치학과, 동 대학원 졸업(정치학박사)
서울대 특별연구원, 가톨릭대 교수
민주개혁국민연합 정책위원장
국가인권위원회 인권위원
한국정치아카데미 원장(현)
한국입법학연구소 공동대표(현)
기독교방송(CBS) 객원해설위원(현)
국회방송(NATV) '좋은 세상 열린토론' 진행(현)

주요 저서
『민주화 이후의 한국정치와 노무현 정권』,
『전환시대의 국가체제와 정치개혁』,
『한국정치의 재인식』,『한국의 언론정치와 지식권력』 등

새로운 리더십, 분열에서 소통으로

김만흠의 정치평론

ⓒ 김만흠, 2007

지은이 | 김만흠
펴낸이 | 김종수
펴낸곳 | 도서출판 한울

편집책임 | 안광은

초판 1쇄 인쇄 | 2007년 10월 5일
초판 1쇄 발행 | 2007년 10월 15일

주소 | 413-832 파주시 교하읍 문발리 507-2(본사)
       121-801 서울시 마포구 공덕동 105-90 서울빌딩 3층(서울 사무소)
전화 | 영업 02-326-0095, 편집 02-336-6183
팩스 | 02-333-7543
홈페이지 | www.hanulbooks.co.kr
등록 | 1980년 3월 13일, 제406-2003-051호

Printed in Korea.
ISBN 978-89-460-3819-6   03340

* 가격은 겉표지에 있습니다.